ロングヒット商品開発者が教える

今ない知恵を生み出す

しなやかな発想法

メラキ直り

梅澤 伸嘉

同文舘出版

はしがき

商品開発のカベも肺がん宣告の絶望も救った発想法

商品開発という「夢」を追う仕事には、常にその「夢」を奪うような「カベ」が立ちはだかります。

私はその「カベ」と格闘しているうちに、しなやかに目的を達成する発想法が生まれました。28歳の頃のことです。詳細は後述しますが、それが本書の主題である「メラキ直り」の発想です。

それからというもの、「夢」を奪おうとする「カベ」が発生するごとに「メラキ直り」、その経験を蓄積し、商品開発という仕事に活用してきました。

やがて「ロングヒット商品のカリスマ」と言っていただける今日になり、「さあ、これからロングヒット商品の開発手法と理論の普及に全力を尽くそう」と思っていた矢先に肺がんの宣告。一気にどん底に突き落とされてしまったのです。

それが一昨年の夏のことです。しかし、その絶望の淵から私を救ったのもこの発想法でした。

がむしゃらに頑張っても、「達成できるもの」しか達成できない

あまりにも当たり前ではないか、と思うかもしれません。

しかし、達成できるものなのに、その多くは達成できないでいるという現実もあるのです。

本書は、達成できる可能性のあるものをみすみす逃してしまうことなく、必ず達成できるようにする発想法をまとめています。

それは、**不可能を可能にするのではなく、もともと可能性のあるものを、不可能にしていた「カベ」を取り除いて、可能にするというものです。**

本書の「メラキ直り」の発想法の神髄は、"無理なことは無理である"というところにあります。

私たちは無理ではないものまでを無理と言って、その達成を遠のけていることが多いのです。

無理ではないものを無理と烙印を押しているもの、それを取り除くこと。これが**「メラキ直り」による目的の達成法**です。だから「メラキ直り」は一見、無理なものを解決したように見える手品のような優れものなのです。

多くの人々の「あきらめかけている夢」を救う

「カベ」は夢や目的さえしっかり持ち続けていれば、必ず乗り越えられます。「メラキ直り」の発想法はしなやかにカベを突破する方法なのです。

しなやかに生きよう、病があっても

しなやかに進もう、カベがあっても
しなやかに暮らそう、お金がなくても
しなやかに生きよう、力がなくても

このように「メラキ直り」は夢を大きく膨らませてくれ、前に進む力をくれます。

磨き続けた発想法が「メラキ直りの術」に昇華した

今から26年前の1992年、本書の前身となる『メラキアの発想』（ダイヤモンド社）を出版しました。それから26年間、目的を達成するための助けになる発想法を目指してその手法を磨いてきました。

この「メラキ直り」の発想を身につけると、商品を開発する企業の経営上に次のような変化が起きます。

目的：経費削減に頼るのではなく、「売上向上」のみにより利益を生み続ける経営
　↓
課題：ロングヒット商品のコンスタントな開発
　↓
手段1：MIP（新市場創造型商品）経営の徹底
手段2：「カベ」をしなやかに乗り越える「メラキ直り」の知恵とマインド

企業利益の源泉は「売上向上」と「経費削減」の2つです。しかし、多くの不振企業は後者に頼りすぎている実態があります。

　その状態を脱し、「売上向上」のみによって利益を生み続ける経営を行なうには、ロングヒット商品やサービスをコンスタントに開発することに尽きるのです。

　そのためにはMIP（新市場創造型商品）経営の徹底が何よりです。しかし、そこには経験のない数々の「カベ」が立ちふさがります。それゆえ、「メラキ直り」の知恵とマインドが不可欠なのです。

　本書は商品開発に役立つだけではなく、あらゆるビジネスから人の生き方まで、そこに現われる「カベ」をどう乗り越えるか、その答えを提供する本となります。

「カベ」は解決を助ける友

　「カベ」の解決をあきらめず、むしろ受け入れて活かす「メラキ直りの術」の使い手になると、「カベ」は解決を助けてくれる友になります。

　「メラキ直りの術」とは、手段に伴う「カベ」を肯定し、目的を達成する知恵を生む発想術なのです。

ロングヒット商品開発者が教える
今ない知恵を生み出すしなやかな発想法－メラキ直り－ 目次

はしがき

Part I 解説編

Chapter 1　目的の達成と「カベ」

1　「メラキ直り」の発想が必要な理由　……………………………　16

2　目的を達成させる上手なプロセス　……………………………　17

3　これまでの目的達成プロセスの問題点　……………………　19

4　目的の達成は「カベ」の解決次第　……………………………　20

5　目的への「達成意欲」が「カベ」を跳ね除ける原動力　…………　21

6　カベは常に手段に伴う　……………………………………………　23

7　カベは生きている証　…………………………………………………　25

8　目的の達成は幸福の追求であり、その手段は努力である　………　25

9　達成度も達成の満足も目標の高さによる　……………………　27

10　目的の達成の要因と公式　……………………………………………　28

11　カベの本質——あきらめるか否かが成功の分かれ道　…………　29

Chapter2 「あきらめ」と成功

1 あきらめなければ達成の可能性は続く…………………………… 32

2 あきらめない状態は可能性を信じている状態………………… 32

3 あきらめるのは易しく、達成意欲の弱い証拠 ……………… 33

4 成功を妨げる最大のカベはあきらめること ……………… 34

5 消費者の「あきらめ」を、企業はあきらめずに挑戦する ………… 35

6 多くの成功者が口を揃える「成功の秘訣はあきらめないこと」 36

7 多くの成功は「あきらめない」の先に待っていた ……… 37

8 「あきらめないこと」と「メラキ直り」は違う ……… 38

9 あきらめる前のプロセス ……… 40

10 手段をあきらめると成功の道は続く ……… 40

11 「あきらめ」とは自らの意志で達成ニーズを断ち切ること …… 42

12 「成功」とは至難の目的を達成する時の強い喜びの感情である 43

13 「あきらめ」とカベの大きさ ……… 43

14 あきらめることは割り切ること ……… 44

15 苦痛があっても好きな研究だから耐えられる ……… 45

Chapter3 「常識」は成功のカベ

1 カベの最大の要因は「常識」である………………………… 48

2 カベを突破する強力な力は「非常識」である……………… 49

3 常識の運命…………………………………………… 50

4	なぜ常識は変わりにくいのか	51
5	常識を覆す力	51
6	世の常識は私の非常識。私の常識は世の非常識	52
7	常識に反することはカベになる──カベを突破すると新しい道が拓ける	53
8	シェア争いをやめる「常識破り」の快挙──聖域の棲み分け	54
9	品質のばらつきを売りにした常識破りの快挙	55

Chapter4 「メラキ直り」の術
─しなやかなあきらめ方─

1	「メラキ直り」とは	58
2	カベを解決する2つの道──2つのキーワード──	59
3	カベを肯定する──カベを気楽にあきらめる	60
4	手段をあきらめて、目的をあきらめない	61
5	「開き直り」から受け継いだもの	62
6	「メラキ直る」のは元へ戻れない時	62
7	「メラキ直り」の術の生まれ	63
8	「メラキ直り」は万人のカベを低くする	68
9	「MIP開発」と「MIP化」における「メラキ直り」	68
10	くじけそうな達成意欲を救う	69
11	古い習慣や文化に見る「メラキ直り」	70
12	カベをＡタイプで「メラキ直る」と元気になる	72
13	「メラキ直る」ことの本質I	72
14	「メラキ直る」ことの本質II	73
15	「アイデア殺し」を救う	74

16 カベだらけの「MIP」開発には「メラキ直り」の発想が不可欠だった …… 75

17 「できない」を「できる」にする「メラキ直り」 ……………………… 80

18 「メラキ直り」の発想で戦争はなくせる ……………………………… 81

19 「メラキ直り」はブッダの教えに似ている ………………………… 82

20 「メラキ直る」と、無理難題、わがままに応えられる ……………… 83

21 「メラキ直り」の発想は、「あきらめて夢を捨てる」という無念を救う …… 84

22 「お経」と「メラキ直り」 ……………………………………………… 85

23 「幸せ」と「メラキ直り」 ……………………………………………… 85

24 変えられない未来は「メラキ直り」の対象 ………………………… 86

Chapter5 「メラキ直り」の応用

1 あきらめることをうまく使って目的を達成する ………………… 92

2 あきらめたらそれで終わりだが、その分、新しい選択肢が生まれる ……… 92

3 一流の人はしなやか ………………………………………………… 93

4 「メラキ直り」はあるがままの心 ………………………………… 94

5 済んだことは後悔しない …………………………………………… 95

6 「あきらめ」の真意 ………………………………………………… 95

7 「メラキ直り」は地球での人類の生存を許す …………………… 96

8 努力せずに成功する方法 …………………………………………… 97

9 上位目的によって解決策やアイデアは異なる ………………… 98

10 上位ニーズほど「メラキ直り」甲斐が大きい …………………… 98

11 遅すぎることはない ………………………………………………… 101

12 幸せの前に必ず不幸あり——努力をあきらめない—— …………… 102

13「しかたがない」の気持ち …………………………………………… 103

14 人は失敗によって学び、成功によって成長する ………………… 103

15 つらくても笑顔になれば ……………………………………………… 104

16 寛容の精神 ……………………………………………………………… 105

17 真の消費者志向──不便だと言われてもかまわない── ………… 105

18 絶体絶命のピンチ ……………………………………………………… 107

19「死んでもよい」はない ……………………………………………… 109

20 人は命ある限り、あきらめていない ……………………………… 110

Part 2 事例編

Chapter 1 「サンスタートニックシャンプー」の壮絶な「メラキ直り」

1「サンスタートニックシャンプー」開発のはじまり ………………… 114

2 カベ①「市場にない商品など売れるはずがない」というまわりの認識 115

3 カベ②消費者に聞いても本音のニーズがわからない ……………… 117

4 カベ③爽快感を出すためのメントールは目に入れると激痛が走る … 119

5 カベ④不振の事業部で資金がない ………………………………… 121

6 カベ⑤グループインタビューという調査手法の信頼性が低い …… 122

7 カベ⑥「こんなのはシャンプーと言えない」という顧問の批判 …… 124

Chapter2　アルマン「禁煙パイポ」のしなやかな「メラキ直り」

1　「禁煙パイポ」開発のはじまり …………………………………………… 128

2　Ｍ社長との出会い、そして共に"成功"を目指す決意 ……… 129

3　成功の裏話 ……………………………………………………………………… 130

4　カベ①テレビコマーシャルをする資金がない ……………… 133

5　カベ②セールスマンゼロ …………………………………………………… 136

6　カベ③タバコをやめられる成分が入っていない ………… 140

7　カベ④製造する工場を持っていない ……………………………… 142

8　カベ⑤製造のキャパシティが少なく、品切れ続出 ………… 143

Chapter3　肺がん克服──すべてがカベ。しかし「とにかく元気で長生きするんだ！」

1　肺がんとの戦い──エピローグ …………………………………………… 150

2　カベ①ＰＥＴ－ＣＴ検査の結果、肺がんの疑いを宣告される … 151

3　カベ②どの治療を受けるべきか確信を持てない日々 ……… 152

4　カベ③ふたりのドクターの選択に迷いに迷う …………………… 152

5　カベ④間質性肺炎は不治の病 ………………………………………… 153

6　カベ⑤抗がん剤治療するも再発。転移は防げない ………… 154

7　カベ⑥代替治療は科学的エビデンスに欠ける ……………… 155

8　カベ⑦代替療法は食事などの生活上の拘束が多い ……… 156

9　「メラキ直り」が寿命を延ばすことに気づく …………………… 157

Chapter4　現在進行形の「メラキ直り」ビジネスアイデア

1 従来の延長線上にない、進化したビジネスが花開く ……………… 162

2 「Try me カタログ」 ……………………………… 163

3 「自宅ショップ」（Business in Life） ……………… 165

4 「MIP のれんシェアシステム」 ……………………… 167

5 「聖域の棲み分けシステム」──NO.1 を競い合う大企業用 …… 171

6 激戦場から MIP 化で脱出し、企業を「進化」させる ………… 173

Chapter5　「梅澤理論」の独自性は「メラキ直り」の産物

1 理論の誕生の瞬間 ……………………………… 180

2 新しい手法「非戦のマーケティング」………………… 181

Part 3 マインド編

Chapter 1　心の筋トレ

1 「メラキ直り」が自由自在にできると人生が幸せになる ………… 192

2 鍛錬とは幸せを求めて自らにカベを課すこと …………………… 192

3 初心を忘れない …………………………………………………… 193

4 「不安」と「希望」が対立したら、常に「希望」を選ぶクセをつける … 193

5 過ぎたことは栄光の記憶としてストックするクセをつける ……… 194

6 自分をほめるクセをつける ……………………………………… 194

7 自分のせいにするクセをつける ………………………………… 195

8 「ものは考えよう」を口グセにしてみる ………………………… 195

9 自分の幸せのため、と思うクセをつける ……………………… 196

10 未来を心配しないクセをつける ………………………………… 196

11 満足感を得るには、一歩一歩登るしかないという考え方のクセをつける … 197

12 「不」の先には必ず「幸」があると信じるクセをつける ………… 197

13 一歩前へ進めば、必ず一歩到達点が近づくと確信するクセをつける 197

14 怒りがこみ上げてきたら、「メラキ直り」の好機と捉えるクセをつける 198

15 美しく、愛すべきものをいくつも身近に置くクセをつける ………… 199

16 「あきらめよう」と思ったら、必ず「メラキ直る」くせをつける ……… 199

17 新しいアイデアが欲しい時は、「非常識」なことを考えるクセをつける … 199

18 「自分らしく思うままに行動しているか」に常に関心を向けるクセをつける 200

19 「でも」「しかし」と思ったら、それを肯定するクセをつける ……… 200

20 親しい人が夢を捨てようとしたら、拾ってあげるクセをつける …… 201

21 「本心からはじめたいか」と考えるクセをつける ……………… 201

22 人の心や行動を許す「寛容」のクセをつける ………………… 202

23 他人と比べず、昨日の自分と比べるクセをつける ……………… 202

24 1日1回、100日間の練習法 …………………………………… 203

Chapter2 「メラキ直り」の教訓 —筆者からのメッセージ—

1 人が認めるものが成功ではない …………………………………… 206

2 創造とは何か …………………………………………………………… 206

3 自由を求めることは正しい。いかに実現するかが肝心 ……… 207

4 人生で重要なこと ……………………………………………………… 208

5 人生に迷ったら ………………………………………………………… 208

6 息が苦しい。でも空気が吸える幸せ ……………………………… 209

7 自由を欲しがる人へ …………………………………………………… 209

8 死ぬ日まで生きる ……………………………………………………… 210

あとがき

謝辞

装幀・本文ＤＴＰ　春日井恵実

Part I 解説編 # Chapter I

目的の達成と「カベ」

　「目的」を達成するために解決すべきことが「課題」です。そして課題を解決する手段に伴う問題が「カベ」なのです。

　したがって、目的の達成を妨げるのがカベであり、それが解決できないと、「あきらめる」ことになります。

　本章では、目的の達成を成功させるためのノウハウや、その条件を明らかにすると共に、カベとは何か、カベとの関係性を整理し、「メラキ直り」というカベを乗り越える術のベースとなる考えをお伝えします。目的とカベと「あきらめ」の間には、しっかりとした関係があるのです。

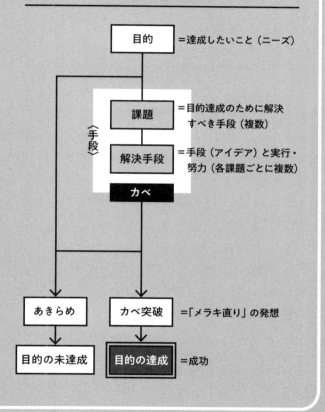

1 「メラキ直り」の発想が必要な理由

　「あきらめないでカベを突破する」という、一般的な努力型の発想法に留まっていた私が、これまでの商品開発をはじめとするビジネスにおいての成功と失敗のプロセスを分析し、生み出したのが「メラキ直り」の発想法です。

　この「メラキ直り」とは、「あきらめ」を逆から読んで「めらきあ」。それを動詞型にしたのが「メラキ直り」で、その発想法は、**「目的はあきらめず、達成するまでの手段をしなやかにあきらめることで、新しい手段にチャレンジしやすくなり、ベストな達成手段を手に入れる方法」**のことです。

　前向きな開き直りの思考で、あきらめずに新しい知恵を生んでいく発想法と言えます。

　詳細はChapter4で後述しますので、まずは「メラキ直り」がなぜ必要となるのか、「カベ」「あきらめ」「常識」という背景をChapter1〜3で押さえておきましょう。

2

目的を達成させる上手なプロセス

　皆さんにはビジネスでもプライベートでも、「達成したい目的」がたくさんあるでしょう。目的の大小にかかわらず、達成には下記のプロセスが必要です。

①**目的の設定**：「達成したいこと」を明確に決め、文章化する

　↓

②**目的の妥当性のチェック**：理論的に無理のない、達成する価値のある、努力のしがいがある目的かどうかを確認する

　↓

③**課題の設定**：「目的」と「手段」を効果的につなぐ課題を設定することで、達成の可能性が高まる

　↓

④**手段（アイデア）を考える**：解決すべき課題が明確に整理されていれば、目的にぴったりの手段（アイデア）になる

　↓

⑤**カベ解決「メラキ直り」**：手段（アイデア）のカベを「メ

ラキ直る」ので、解決しやすく、画期的アイデアが生まれる

↓

⑥**実行（行動、努力）**：「メラキ直って」現状肯定しているので、手段の実行が容易になる

↓

⑦**カベ解決「メラキ直り」**：実行に伴うカベを現状肯定するので、解決しやすく、画期的解決になる

↓

⑧**目的の達成**：運や努力が活かされ、達成度が高まる。難しい目的の達成も可能になる。成功するまで、達成するまであきらめない（「メラキ直る」）から必ず達成できる

　このプロセスは、目的の達成が未完に終わったケースを分析し、明らかに欠けていたプロセスを見つけ補完し、全体を一連のプロセスにつなげたものです。

　「正直めんどくさい」と感じたかもしれません。しかし、**ここまで徹底しないと目的は達成できないのです。**まして達成が難しい目的であればなおのこと、ここまで徹底する必要があります。

　各プロセスの意義を理解し、練習を積めば、決して面倒な過程ではなくなります。むしろ、漏れがないから、安心してプロセスを踏めるようになるでしょう。

難しいと思う目的にこそ、このプロセスは力を発揮して
くれるでしょう。それは、目的に向けての努力が続くこと
になるからです。

3 これまでの目的達成プロセスの問題点

　前項のプロセスを確立するまでは、次のようなプロセス
の欠如と結果がありました。

①**目的の設定**：目的の妥当性チェックが不十分、目的自体
　が甘い、明文化されていない・少ない
②**手段（アイデア）**：総花的で、目的にぴったりの手段が
　少ない、常識の範囲内のアイデアが多い
③**実行（行動、努力）**：努力のウェイトが高いので続かない、
　カベが解決しにくく、あきらめることも多い
④**目的の達成**：努力次第、運次第でしか目的は達成できな
　いので、目的の "ズバリ" 達成が難しい

　従来のプロセスだと、もともと達成が無理なことに無駄
な時間や労力をかけていたり、総花的なアイデアしか浮か
ばなかったりして、多くの目的は未達成か不十分の達成に

終わっていました。

その主要因は、目的妥当性の検討の欠如と、目的と手段（アイデア）の間に「課題」が抜けていたことと、カベ解決法が抜けていることです。

そして、「これだけ努力したのだからしょうがない」とあきらめていたのです。

しかも、「目的の設定レベルが高すぎた」と愚痴ったり、資金不足や人手不足のせいにすることが多くなり、真の目的が達成できない理由をも誤ってしまうのです。

これらの要因を考慮したのが前項の「目的を達成させる上手なプロセス」なのです。

4
目的の達成は「カベ」の解決次第

目的の達成は課題の解決次第と言えます。

課題の解決はその手段次第であり、手段に伴うカベの解決次第と言うことができるのです。

それゆえ、目的の達成は、

A．手段（アイデア）に伴うカベ

B．手段実行に伴うカベ

の解決によってもたらされるのです。

このように考えると、カベとは目的達成のために解決すべき神から与えられた「天与の宝物」と感じられるのではないでしょうか。

5 目的への「達成意欲」が「カベ」を跳ね除ける原動力

「必ず成功させるまであきらめない」「必ず成功させたい」という思いは、日本の偉大な発明家・実業家が口を揃えて言っていることです。

「チキンラーメン」を48歳の時、「カップヌードル」を60歳の時に自ら開発した日清食品の創業者、安藤百福。

チキンラーメン発売時、人手がなくても多量に売るには問屋に扱ってもらうのがベストと考え、問屋と正規の商談をするも、まったく受けつけてもらえず、門前払い。それでも**あきらめず、「問屋が扱いをしてくれなくてもかまわない。要は目的（手をかけず多量に売る）が達成できればよい」**と考え、手段（アイデア）として「支払いは売れた後でOK」という問屋が扱いやすい条件を提案し、やっと扱ってもらうことに成功します。

商品パフォーマンス（味や品質）には自信があったし、

21

何より消費者の「未充足の強い生活ニーズ」（消費者が願っていても達成不可能であったニーズのこと）に応える確信があったので打てた手でした。チキンラーメンもカップヌードルも大ヒットし、今日まで超ロングヒットを続けています。

　松下幸之助といえば「経営の神様」と崇められ、現パナソニックの前身、松下電器の創業者として、ビジネスマンなら誰でも知っている有名人です。28歳で「自転車用発電機」を発売。「人手をかけずに多量に売りたい」と考え、問屋と商談するも、扱いを断られます。それでも**あきらめず、一計を案ずるのです。「問屋が扱ってくれなくてもかまわない。要は人手をかけずに多量に売れるアイデアを考えよう」**と策を練ります。

　当時は不況下で大学出の人々の失業が話題になっていました。そこで、その人たちをアルバイトに雇い入れ、自転車店を相手に次のような商談をします。「お代は売れた後で結構」。

　自転車を買うためや修理のために来店する人々に説明すると、飛ぶように売れ、今日の礎を築いたのです。

　安藤と同じく、松下も商品パフォーマンスには自信があり、かつ「夜道でも安全に自転車を運転したい」という人々の「未充足の強い生活ニーズ」にしっかり応える商品であ

ることを確信していました。

　安藤百福と松下幸之助、ふたりに共通していたことはなんだったのでしょうか。それは、ふたりとも、

①目的達成意欲、つまり夢への強烈な熱意を持ち、あきらめず、成功するまで粘ったこと。松下は**「成功するまであきらめなかったから成功した」**と後年何度も口にしている

②課題は解決できなくても、目的が達成できる別の手段を考えた（「メラキ直り」）

③消費者の「未充足の強い生活ニーズ」をつかみ、それ（課題）に挑戦して、解決している

　「チキンラーメン」のかなえた強いニーズ：お湯を鍋に注ぐだけですぐに熱々のラーメンを食べたい

　「自転車用発電機」のかなえた強いニーズ：夜道でも安全に自転車運転したい

6
カベは常に手段に伴う

　次のページの図をご覧ください。カベは手段（アイデア）と手段の実行に伴う問題や課題なので、常に手段に伴い、

これを解決しないと目的は達成できません。

　それゆえ、目的を達成するために、手段に伴うカベを突破することが求められるのですが、カベは容易に突破できないものです。そもそも容易に突破できないから「カベ」なのです。

　そこで、「メラキ直り」の発想法が登場します。

　幸いカベは手段に伴うので、**「突破できない手段であってもかまわない。目的を達成できる別の手段を考えよう」**というしなやかな発想をとることができるのです。

　目的を達成する手段は常に複数あるものです。それゆえ、達成のために解決すべき課題をよく見極め、カベとなった手段をあきらめ、**しなやかに別の手段を次々と探すのです。**

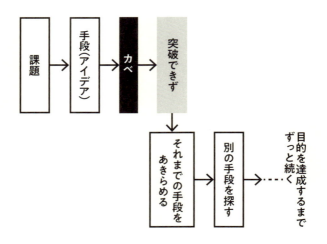

7 カベは生きている証

　カベは目的の達成に向けて作業を前進させると立ちふさがる性質を持っています。それは何を意味するのでしょうか。**カベが立つのは前進した証**ということです。

　前進せず、そこに立ち止まっていればカベは立ちません。

　人の一生とは、ほとんど何らかの目的達成行動の連続です。

　そのことを理解すると、カベは生きている証ということが身に染みてきます。カベは物理的にあるのではなく、心理的な存在なので、人の死と共に消えるのです。それゆえ、カベがあるということは、生きている証と言えるのです。

　そう考えると、カベがとても身近なものに感じてくるのではないでしょうか。

8 目的の達成は幸福の追求であり、その手段は努力である

　さまざまな人が、さまざまな手段を駆使して目的を達成しようとするのは、元をたどれば、すべて例外なく、人そ

れぞれの「幸福追求」のためなのです(「幸福追求ニーズ」は万人が持っており、すべての行動を引き起こす大元にある一生不変のニーズです(拙著『消費者ニーズ・ハンドブック』同文舘出版、2013年))。

一方、目的の達成手段は課題解決であり、課題解決の手段は手段アイデアで、その手段は実行です。

実行とは目的達成のための課題を解決する手段の実行であり、努力することと同義です。

したがって、**目的を達成する手段は努力なのです。**

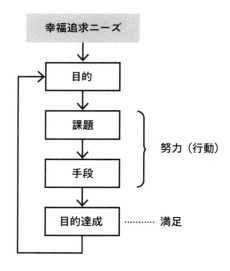

9 達成度も達成の満足も目標の高さによる

　掲げた目標が高い時は、低い時と比べて、その目標の達成率は低いものです（達成困難度は高い）。つまり、難しい目的は達成しにくいということです。

　一方、達成の満足度は目標が高いほど高くなります。目標が高いと、達成は困難になるけれど、達成した時の喜びは大きいのです。それゆえ、達成するまで何度でも挑戦します。

　以上のように、達成度や達成の満足は目標の高さによって左右されます。

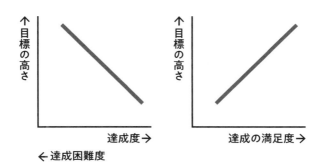

10 目的の達成の要因と公式

　目的を達成するまでのプロセスを、次のように公式化することができます。

【条件】
A. 目的達成追求の強さ＝夢（必要条件）
B. 資質（能力、性格）（十分条件）
【要因】
C. 目的設定、課題設定、解決アイデア
D. 解決行動（実行）
E. 運（幸運、不運、無関係）

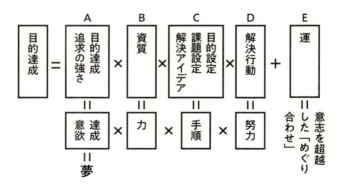

11 カベの本質──あきらめるか否かが成功の分かれ道

　そもそも、やすやすと突破できたり、乗り越えることができるものをカベとは言いません。

　突破するのが大変だからカベなのであり、乗り越えるのが難しいからカベなのです。

　乗り越え難いカベをあきらめるのか、それともあきらめずに突破し、乗り越えていくのか。これが成功するか否かの分かれ道となります。

　また、負の感情やストレスがカベなのではなく、そのような不快な感情でも解決手段があればカベではありません。

　以上から推察される通り、**「カベと思う心がカベ」**なのです。カベは物理的な存在ではありません。**「真実を追求したい」「突破したい」**という意志の欠如なのです。

　すなわち、ひとつの**手段にこだわってしまう「しなやかさ不足」（柔軟性不足）**であり、思考停止であり、心の硬直状態を指します。まとめると、

・突破したり、乗り越えたりできない状態がカベ

・難しそうでも解決手段がある状態はカベとは言わない

　それゆえ、カベは心の状態で、心の中にあります。だからこそ、しなやかに乗り越える手はあるのです。

Part I 解説編 # Chapter 2

「あきらめ」と成功

　「成功」とは、至難の目的を達成する強い喜びの感情。

　「あきらめ」とは、自らの意志で達成ニーズを断ち切ること。つまり、成功を自らの意志で断ち切ること。

　成功は、難しいからあきらめやすい。

　あきらめなければ成功がもたらされる。

　しかし、あきらめないことは大変なこと。

　あきらめないことを容易にしたのが「メラキ直り」（しなやかなあきらめ方）の発想。

　そう、成功は「メラキ直り」でもたらされるのです。

　右ページの表の通り、あきらめることは課題が未解決に終わり、その結果、目的が未達成に終わることです。

　あきらめることで、その瞬間に達成の可能性が消えるのです。つまり、成功が逃げて行くのです。

	あきらめる	あきらめない
課題解決	未解決	解決
目的達成	未達成	達成
気持ち	楽	苦痛

1 あきらめなければ 達成の可能性は続く

　あきらめない限り、目的が達成する可能性は続きます。 あきらめなければいずれ達成すると言い換えることもできます。このように、あきらめない気持ちは目的の達成を方向づける強力な力となるのです。

　しかし、**あきらめずに挑戦し続けることの精神的な負担はかなりのものでしょう。** 人はその状態を「粘り強い」と評したり、または「偏執狂」と言うことでしょう。

　両者は紙一重の違いであり、いずれもものごとの達成を引き寄せる力となります。

　前章で取り上げた安藤百福のケースも松下幸之助のケースも、目的への達成意欲が強く、何とかして達成したい気持ち、あきらめず粘る気持ちがもたらした成功の例です。

2 あきらめない状態は 可能性を信じている状態

　成功を引き寄せる「あきらめない」という力の源泉は、可能性を信じていることです。

「いずれ達成できるに違いない」という気持ちのことですが、この気持ちははかなく、途切れ途切れに弱々しくなる人もいるし、確固たる信念でゆるぎなく続く人もいます。

いずれにしても、可能性を信じている間は「あきらめない」状態は続くのです。

2012年にノーベル生理学・医学賞を受賞された山中伸弥教授が話される内容には、いつも「可能性を信じる」気持ちが表われていて、「それまでの医学の常識では不可能と考えられていることでも『可能性』がある以上、追究する」という姿勢を感じます。

まさに、**可能性を信じる力があきらめる気持ちを遠ざけ、研究を続け、発明や発見を生む結果を引き寄せているのです。**

3 あきらめるのは易しく、達成意欲の弱い証拠

あきらめることは、自らの意志で達成ニーズを断ち切ることです。したがって「あきらめる」のも「あきらめない」のも自分の判断なのです。

「あきらめる」か「あきらめない」かは"達成意欲"の強さで決まります。

達成意欲が強ければぎりぎりまであきらめないし、達成意欲が弱ければ、早くあきらめることが多くなります。

このことから、次のことがわかります。

あきらめるのは易しく、あきらめないことは大変なことなのだ、ということです。

だから、2017年3月場所で優勝をあきらめず、けがをしても出場し、奇跡的な優勝を遂げた横綱稀勢の里の人気がひときわ高いのもうなずけます。あのあきらめない姿に多くのファンが感動したのです。裏を返せば、あきらめないことはいかに大変なことなのか、多くの人が思っていることを教えてくれました。

4 成功を妨げる最大のカベは あきらめること

あきらめることとは自らの意志で達成ニーズを断ち切ることですから、あきらめる気持ちは成功を妨げる最大のカベであることがわかります。

成功とは目的が達成した時の喜びの感情のことですから、あきらめることは成功を遠のけ、成功を手にできなくするのです。

これを、成功を妨げるカベと言わずに、それ以上の表現

があるでしょうか。

　成功と失敗は、煎じ詰めると、あきらめるという気持ちの問題だということがわかります。

　「メラキ直り」の術は、以上の気づきが私の心に芽生えたことがきっかけとなって生まれました。

　「あきらめるから成功を逃がすのだ」という思いが強烈に胸を支配し、「メラキ直り」の発想を生むことができたのです。

5　消費者の「あきらめ」を、企業はあきらめずに挑戦する

　消費者は生活上のさまざまな問題に日々直面しています。それが現実の生活そのものなのです。

　それらの問題には、容易に解決できるものから、あきらめるしか手がないものまで広範囲に及びます。

　そのあきらめるしかないことは、例外なく、解決できればうれしいことばかりです。だからこそ、それが解決できないと「あきらめるしかない」という、つらい感情に変わるのです。

　一方、企業が商品を企画・開発する時の目のつけ所はどこかと言えば、「消費者があきらめていること」なのです。

それは企業にとっても難題であることが多いでしょう。それでも、挑戦をあきらめず、粘って解決するのが真に成功する企業なのです。

消費者があきらめているニーズに応えるのが、成功率の圧倒的に高い商品が生まれる秘訣なのです。

6 多くの成功者が口を揃える 「成功の秘訣はあきらめないこと」

あきらめることは、自分の意志で達成の気持ちを断ち切ることなので、あきらめた瞬間に目的を達成するための行動はストップします。

多くの成功者が口を揃えて言う成功の秘訣は、あきらめないことなのです。

松下幸之助はなぜこれだけの偉業を成し遂げられたかと問われた時、**「成功するまであきらめなかったから成功できた」**と答えています。

また、アップル社の創設者スティーブ・ジョブズも成功の秘訣を問われた時、**「成功か失敗かの分かれ道は、あきらめるか否かである」**と答えています。

登山家、スポーツ選手、学者、開発者、経営者。分野を問わず、皆、成功の秘訣は「あきらめないこと」と、口を

揃えて言うのです。

　あきらめないことは大変なことだけど、その果実は大きく、甘いのです。

7
多くの成功は「あきらめない」の先に待っていた

　私は多くのロングヒット商品を自ら開発したり、開発に参画してきました。ロングヒット商品は永年にわたり、企業に売上と利益をもたらし、消費者には長く満足を提供し続けるもので、成功商品そのものと言えます。

　「サンスタートニックシャンプー」からはじまった私のロングヒット商品は、その後、ジョンソンの「スキンガード」「ジャバ」「カビキラー」「テンプル」など自ら開発した商品や、「禁煙パイポ」「クリンスイ」「カントリーマーム」「モンカフェ」「ぐーぴたっ」「GUM」「Ora2」「ヒップウォーカー」「ウコンの力」「テプラ」「ジョイサウンド」「塗るつけまつげ」「釣りスピリッツ」などの開発を手伝った商品、および公表はできないけれど、ほかにも数々の開発を手伝ったロングヒットがあります。

　いずれの場合も、多くのカベが現われてもあきらめずに

努力を続け、知恵を生み、ブレークスルーしてきたものばかりです。その連続の中で「メラキ直り」の発想が生まれました。具体的にはPart 2事例編で述べますが、「あきらめないことの先に成功が待っていた」というのがこれらに共通した感慨です。

もちろん、あきらめずに続ければ必ず成功にありつけるかといえば、決してそんなことはありません。あきらめなかったけれど、発売にこぎつけられなかったケースのほうが多いのも事実なのです。

その大半は技術的なカベが突破できず、そのままでは消費者が期待はずれの商品になってしまうので、発売に至らなかったケースです。

だから、あきらめなければ絶対成功に達するわけではないこともしかたのないことです。

ただし、明言できることは、**「あきらめたら絶対に成功に至らなかった」**ということです。**ここに成功の本質があるように感じています。**

8 「あきらめないこと」と 「メラキ直り」は違う

Chapter 4で詳しく解説する「メラキ直り」の術は、「あ

きらめない」気持ちをベースに、「あきらめない」苦しさ
を省き、アイデアの飛躍度を高めたしなやかな発想法です。
　この段階で、「あきらめないこと」と「メラキ直り」を
対比しておきたいと思います（下表）。

	あきらめない	メラキ直り
発想	・常識の範囲	・非常識 ・独自的
経緯	・粘り強さはある But ・いずれあきらめてしまう	・粘り抜いた後もなお、 　あきらめない 結果 ・飛躍した発想を生む
特徴	・精神論的 ・苦しさが伴う	・実学的 ・自由 ・楽しい ・しなやかにあきらめる 　こともできる

※「メラキ直り」とは、「あきらめ」を逆さから読んで「めらきあ」。それを動詞型に
した発想法の名称です。

9 あきらめる前のプロセス

あきらめる前に「やれるだけやってみる」というプロセスがあることでしょう。また、ある程度のところで、「やれるだけやった」という気持ちが起こることもあります。

「やれるだけやってみる」ことによって、時に運よく目的を達成することがあるので、人はすぐあきらめるのではなく、「やれるだけやってみる」というギリギリまで粘る行動をとります。

また、目的は達成できなくても**「やれるだけやった」というう気持ちを持つと、あきらめ易くなる**、という一面も出てきます。その結果、ギリギリまで粘る行動をとらず、早めにあきらめてしまうということも起こってしまいます。ギリギリまで粘らなかったにもかかわらず、「やれるだけやった」という言い訳を残して。

10 手段をあきらめると 成功の道は続く

目的の達成をあきらめると成功の道は閉ざされますが、

手段をあきらめても成功の道は続きます。成功への可能性は続く、と言い換えてもよいでしょう。

カベは常に手段に伴うので、難しいカベが伴う手段はどんどんあきらめたほうがよいのです。ピタリとマッチする手段が出るまで、次々とあきらめるのです。

ひとつの目的を達成するために、解決すべき課題は必ず複数あり、それぞれの課題ごとに手段も必ず複数あるのです。それゆえ、課題ごとに手段を考え、より的確に課題を解決する手段が出るまで出し続けていくのです。

手段は複数考えること。ひとつの手段にこだわることが成功を手にする秘訣ではないのです。それを容易にするのが「メラキ直り」の術です。

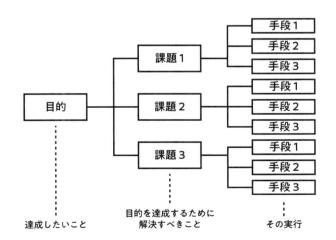

11 「あきらめ」とは自らの意志で
達成ニーズを断ち切ること

　「あきらめ」の心理は、努力をして課題に取り組んでも解決できないという状態の繰り返しの後、精神的苦痛から自分を開放するために、ニーズ達成を自ら断つことなのです（詳細は拙著『消費者ニーズ・ハンドブック』（同文舘出版）をご覧ください）。

「あきらめる」意志		「あきらめない」意志
・目的は未達成 ・精神は楽	**vs**	・目的は達成 or 　達成の可能性が続く ・精神は苦

↓

「メラキ直り」の発想＝精神の苦痛なく、目的を達成する

12
「成功」とは至難の目的を達成する時の強い喜びの感情である

　成功とは、難しい目的を達成した際の喜びの感情と言えます。成功とは主観的概念です。その人にとって至難の目的が達成されたら成功の気持ちになります。

　そしてそれは、うれしい、感動する、気持ちがウキウキする、明日への活力が湧く、そういう気持ちを伴うものです。

　目的の達成は「事実」であり、成功は「感情」です。それは強い喜びの感情なのです。

13
「あきらめ」とカベの大きさ

　あきらめると、カベの大小にかかわらず、課題は未解決で、目的も達成されない状態のままです。

　あきらめずに続ければ、カベの大小にかかわらず、課題は解決し、目的も達成されていくのです。

　ゆえに、繰り返しになりますが、**目的が達成できるか否かは、カベの大小ではなく、あきらめるか、あきらめないかにかかっているのです。**

	目的の達成意欲＝苦	
	あきらめる	あきらめない
カベ （大小に かかわらず）	課題未解決 → 目的未達成	課題解決 → 目的達成

14

あきらめることは割り切ること

　カベが思うように突破できないと、人はついにあきらめてしまいます。あきらめる行動は当人の意志に委ねられているからです。

　その時は多少とも未練があっても、「割り切ろう」と踏ん切りをつけるのは、もうこれ以上粘ってもキリがない（いい案がでない）からあきらめようという気持ちです。

　割り切ることで、未練を残さず、すっきりとした気持ちであきらめられるのです。これは人の知恵です。

この時、**目的さえあきらめなければ、むしろ、割り切る****ことは効果的**と言えます。その分早く、別の手段にめぐり合うことができるからです。

　これが「しなやかなあきらめ方」の真骨頂なのです。

15
苦痛があっても好きな研究だから耐えられる

　青色LED開発で2014年にノーベル物理学賞を受賞した中村修二博士は、日経新聞（2016年5月9日朝刊）で記者のインタビューに答えて、次のように語りました。

　「LEDの素材を作る過程で何度も失敗した。とにかく何度も何度も実験し、なぜそうなったのかをとことん考えて装置を改良し、また実験した。『20世紀中の実用化は不可能』といわれた青色LEDについて、自分なりの理論を築いていった。苦労はしたが、好きな研究だったからどんなことにも耐えられた。（中略）現代は先の予測は難しい。だからこそ過去にとらわれず、懸命に考えて工夫することが大切だ。とことん自分の頭で考えれば、いずれは道は開けるはずだ」

　至難の目的を達成するために、苦労が伴うのは当たり前と割り切っている姿がわかります。

Part I 解説編 # Chapter 3

「常識」は成功のカベ

　カベの最大の要因は「常識」であることが多いものです。

　常識を変える強力な力は「非常識」。

　「非常識」こそ常識をくつがえす力なのです。

　常識に反することはカベになりますが、そのカベを突破すると、新しい道が拓けます。

　未来は「常識峠」の先にあるのです。

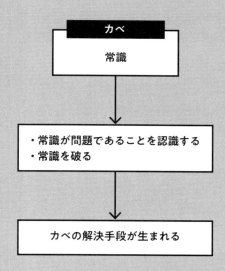

1 カベの最大の要因は「常識」である

　カベとは心の状態であり、心の持ちようであると述べました。

　カベは手段に伴っていて、目的の達成を邪魔します。

　目的の達成を阻む心は、往々にして「常識」で占められています。

　常識が一度自分のものとなると、それは固定観念となります。

　ひたすら、従来の手段にこだわり、柔軟性に欠け、ほとんど思考停止状態に陥るのです。

　この状態が目的の達成を邪魔します。

　目的を達成するために、手段をフレキシブルに変えようとせず、ひたすら従来の手段にこだわり、その手段で目的の達成が無理だとわかると、その目的の達成をあきらめてしまうのです。

　しかし、**常識が問題となっているという自覚はほとんどないのが曲者**です。常識にしばられているからこそ、それに気がつかないのです。まさに常識にしばられている証拠と言えるでしょう。

2 カベを突破する強力な力は「非常識」である

　たとえば、「市場シェアを高めること」が課題で、それを解決する手段をいろいろ思い巡らせても、名案が出ないとしましょう。そこで、市場シェアを高めることの目的は、「売上と利益を向上させること」だと仮定して、発想を変えて非常識に考えてみるとよいのです。

　「シェアを高める名案がなくてもかまわない」

　「要は、売上と利益を向上させる別の手段を考えればよい」

　と、しなやかに「メラキ直る」のです。

　たとえば、「MIP（新市場創造型商品）」を見つけることによって、競合のない状態に置くことができ、その市場を拡大すれば、シェアを奪い合わなくても当該ブランド（商品）の売上も利益も向上するという名案に至ることができます。これが「聖域化理論」（168ページ）です（拙著『戦わずロングセラーにする「強い売りモノ〈MIP〉」の創り方』同文舘出版、2016年）。

　すなわち、市場シェアを高める工夫をしていて名案が出ないなら、「シェアを高める工夫をやめる」という非常識な視点から、目的（売上と利益の向上）を達成する別の手段を考えるのです。すると、シェアは高まらなくとも、売

上と利益が向上する新手段（MIP による市場拡大策）が
生まれることとなります。

3
常識の運命

　常識は正しいと思われている間、「常識である」ことは
もとより、「常識は当たり前」という考えがもっともっと
常識になり、常識に矛盾する事実が出されても、それを非
常識だと葬り去り、「常識の誤り」が確実になった後まで、
常識であり続ける運命にあります。

　ここに常識の恐ろしさがあるのではないでしょうか。

　確固たる事実でさえ、常識と矛盾すると、非常識とみな
される。このことは、常識も非常識も正しいか否かの基準
を超えて、極めて意味不明な認識であることを物語ってい
ます。

　つまり、「常識は非常識」であり、「非常識は常識」であ
るという矛盾に満ちた認識になってしまうのです。

4

なぜ常識は変わりにくいのか

　人は判断の"よりどころ"を求めるものです。**よりどころを得ると安心できるからです。**

　ひとたび安心すると、次もいちいち考えずにそのよりどころにすがります。思考停止と言われようとも、もっとも無難な判断が下せると信じています。

　そうやって"観念"が次第に固定化することが"固定観念"であり、新しい常識を拒絶する力となるのです。ゆえに、常識は変わりにくいのです。

5

常識を覆す力

　常識は、真実を求める心と、新しい事実（常識に反する事実）と、それを歪めない説得力の高い思考（理論）によってやっと覆されます。

　コペルニクスが、長い間信じられていた「天動説」を、膨大な観察結果を元に、そしてなにより「天空を真に知りたい」という思いと、法学と医学が専門という、天文学者

ではない "しがらみのなさ" によって自分の常識を優先させ、歪めなかったことが「地球も他の惑星と同じく、太陽のまわりを回っている（地動説）」ことを発見した最大の要因となりました。

この「コペルニクス的転換」は強固に踏み固められた常識という名の迷信を、偏見のない解釈というスコップによってこの世に掘り起こされた人類の宝と言えるでしょう。

6 世の常識は私の非常識。 私の常識は世の非常識

ではここで、少し頭のトレーニングをしましょう。世の中では常識とされていることと、私の頭の中にある常識＝非常識を並べてみます。

【常識／非常識（新常識）】
・新商品は数打てば当たる／新商品は数打つから当たらない
・アイデアは吟味して出せ／アイデアは数を出せ
・シェアを奪え、敵を倒せ／シェアを奪うな、市場を創れ
・早く刈り取れ／天まで伸ばせ
・アイデアとは優れたもの／アイデアとは今ないもの
・小は大になれない／皆、はじめは小

- まじめにやれ／楽しくやれ
- 新商品を毎年たくさん出せ／新商品は毎年出すな
- 差をつけよ（差別化）／らしくあれ（独自性）
- シェアを拡大せよ／市場を拡大せよ
- 知名度を高めよ／カテゴリー代表度を高めよ
- 海外の市場を奪え／国内の市場を創造せよ
- 競争して取り分を増やす／自己増殖で取り分を増やす
- 市場内競争／市場内協調、分け合い
- 敵に勝て／戦わず利益を出せ

　私は右側の考え方で成功を収めてきましたが、多くの方々は左側を当たり前、つまり「常識」と考えていることでしょう。読者の皆さんは、これらの考えを捨てられますか？

7 常識に反することはカベになる── カベを突破すると新しい道が拓ける

　常識に反することを行なうと、「非常識なことをするな！」と叱られたりします。

　常識は正しいこととみなされているので、それに反することを提案すると、その内容は提案される側（相手）の人のカベになります。すなわち、「それはダメ」と心を閉ざ

されてしまうのです。

カベとは「突破したい」「解決したい」という気持ちが欠如している状態です。

しかし、そのカベこそ、突破すると新しい道が拓けるカギなのです。カベがあることは、思考停止状態なので、それを突破すると前進でき、新しい道が拓けるのです。

8 シェア争いをやめる「常識破り」の快挙──聖域の棲み分け

「キリンビールとアサヒビールが無益なシェア争いをやめる」というトップ同士の対談(『週刊ダイヤモンド』)のニュースが私の耳に届いたのは、2015年12月24日のことでした。それを伝えてくれたのは、かねてから「非戦」の主張を私がしていることを知っていて、かつそれをキリンビールに提案していることも知っている人でした。

シェア争いをしても市場が縮小し、利益も少なくなることをやっと理解してくださったと感じました。すでに多くの出血をした上での決断だったことでしょう。私は両者に拍手を送りました。「両者が協力して、ビールの魅力をPRし、市場を拡大することによって出血が止まり、ビールの売上も利益も向上するに違いない」と確信しました。

しかし、この常識破りな出来事は快挙であり、逆に言うと、実行はなかなか難しいでしょう。トップ同士が合意しても、社員全員への徹底が難しいように感じます。常識破りの発想は、多くの常識のカベに妨げられているからです。

9
品質のばらつきを売りにした常識破りの快挙

長年、各工場で生産される同一ブランドの品質の均質化を目指して努力を続けたキリンビールの技術者たちは、生き物を扱っている以上、まったく同じ味にならないのなら**「品質のばらつきがあるほうがむしろよい、それを活かそう」**と前向きに考え、「47都道府県の一番搾り」という商品を開発しました。

その結果、2017年の「第9回日本マーケティング大賞」を受賞するほどの成功を収めています。販売数量は初年度売上目標の2倍以上となる約270万ケース（大瓶換算）を記録し、常識破りの発想の快挙というべき出来事になりました。成功してしまえば、皆口をつぐみますが、そもそも「品質のばらつきを活かそう」などという発想は開き直りもはなはだしく、非常識そのものです。しかし、常識を破ることこそが成功にたどり着く道であることを示す好例です。

Part I 解説編 # Chapter 4

「メラキ直り」の術
──しなやかなあきらめ方──

「あきらめ」を反対から読むと「めらきあ」。これを「あきらめない」という意味に捉えました。

その文字を動詞形にして私がつくった発想法の名称が「メラキ直り」。

これは、前向きな開き直りであり、あきらめない開き直りです。

目的を達成するために、あきらめずに知恵を生んでいく方法です。

常識で踏み固められた「常識峠」を、常識破りの発想で乗り越えていきます。

常識破りだから、画期的な知恵を生む。

これ以上突き詰められないほど、突き詰め、追い詰められるだけ追い詰めて開き直ると、人は誰でも突然、常識破りの発想が生まれるのです。

このような人間の心の傾向を利用して、容易に使える発想法にしたのが「メラキ直り」です。

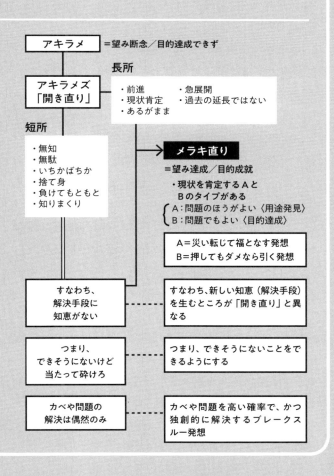

1 「メラキ直り」とは

　「メラキ直り」とは、カベを肯定して、あきらめることを機械的に促して、目的を達成する常識破りの発想法です。

　画期的な商品開発の思考プロセスを分析すると、ほとんど「メラキ直り」の場面があります。特にカベが高く苦労している時ほど「メラキ直り」が多く発生するのです。

　あきらめず、粘り強く挑戦することは大きな成果をもたらす反面、ギクシャクしたり、右往左往したりして、しなやかさに欠けるものです。しかし、Chapter 2で述べたように「メラキ直り」は、粘るだけではなく、飛躍した発想をも生むのです。

　1992年に「メラキ直り」の前身である「メラキアの発想」を発表以降、「あきらめないでカベを突破する」という発想に留まっていた私が、2015年5月から「メラキアの発想」の研究を再開し、吟味して理論的にも手法的にもバージョンアップさせ「メラキ直り」の発想法を生み出しました。その間、ふたつの大きな点を確認することができました。

　そのひとつは、「メラキ直り」の発想は、「目的を達成するための発想法」であるということです。

もうひとつは、**カベを突破するためにはふたつのタイプ
があるということ。Aタイプは当面の目的をあきらめ、B
タイプは当面の手段をあきらめるという手法を機械的にと
るという点です。**

2 カベを解決する2つの道 ─2つのキーワード─

　では、そのAタイプとBタイプを詳しく説明しましょう。

Aタイプ：（問題）のほうがむしろよい ＝目的の達成のた
めの手段に問題がある時、目的の達成をあきらめて、それ
（手段の問題）を活かせる用途を考え、新しい目的を達成
する

Bタイプ：（問題）でもかまわない ＝目的の達成のための
手段に問題がある時、その問題に伴う手段をあきらめて、
その目的が達成できる別の手段を考え、目的を達成する

　上記のように、Aタイプは目的をあきらめることで新
しい目的が達成され、かつ手段の問題が活かせる。Bタイ
プは手段をあきらめることで、新しい手段を考え、目的を

達成する。つまり、「メラキ直り」の発想は、あきらめずに目的を達成するために、機械的に「あきらめる」ことを手段にする発想法なのです。

　両方とも、目的の達成をあきらめないことがつらくない、わくわく楽しい思考が続けられるという画期的な方法です。

3 カベを肯定する——カベを気楽にあきらめる

　ＡタイプもＢタイプも共に、カベ（問題）を肯定します。
　Ａタイプはカベ（問題）のほうがよい用途（新目的）を考え、Ｂタイプはカベ（問題）でもかまわない、当面の目的を達成できる別の手段を考える、という具合です。
　すなわち、「メラキ直り」の発想は、**カベを取り除く対象ととらえるのではなく、目的達成の手段として活用する**のです。

【例】がんの副作用を防ぐ「ナノマシン」
　がんの薬の副作用のメカニズムは、薬の成分が小さいので血管の穴から薬が漏れ出てしまうことで、それはしかた

がないことと考えられていました（これがカベです）。

そこで、**「血管の穴からもれてもよい」**というBタイプの「メラキ直り」をします。

要は、薬を大きくすれば普通の血管からは出ないけど、がんのまわりの血管の穴は大きいので、その穴からは出るようにすればがん細胞に直接効果を発揮できる、というものです。この革命的技術を東京大学大学院の研究所が「ナノマシン」という名で開発しました。がんの副作用が防げ、転移も防げる手法で、実用化がもうすぐと言われています。

4 手段をあきらめて、 目的をあきらめない

前項の「ナノマシン」の例では、血管に穴が開いている以上、薬の小さい成分はその穴を通ってしまうのは当たり前ではないかと「メラキ直り」ました。

つまり、これまでの薬の手段はあきらめ、新しい手段（「ナノマシン」）をつくり、副作用を防ぐという目的に近づいたのです。

カベを乗り越える手段は、チャレンジしてもだめならあきらめ（現実を受け入れ）、しかし目的をあきらめなければチャレンジは続くのです。

Part1 解説編

5 「開き直り」から受け継いだもの

　「開き直り」の心境とは、後がないところまで追いつめられて、普段ならとらないような態度をとったり、居直ることです。「もうどうにでもなれ」とやぶれかぶれの心境になることもあるでしょう。

　それゆえ、とてつもなくすごいことができてしまうこともありますが、多くはカベが破れず、あきらめてしまうことになります。しかも、開き直ると、あきらめることが後ろめたくなくなるので、容易にあきらめることができるのです。

　実はここにヒントがありました。まず、とてつもなくすごいことができてしまう可能性を持っているということ。そして、あきらめることが楽々できてしまうことです。この開き直りの２つの特徴を「メラキ直り」の発想は受け継いで、常識破りのアイデアを楽々と生んでくれるのです。

6 「メラキ直る」のは元へ戻れない時

62

容易に元に戻れるなら、そして戻っても問題がないなら、わざわざ「メラキ直る」必要はありません。

　容易に元に戻れるとか、戻っても問題がないというのはどういう状況でしょうか。

①カベを突破できず、目的が達成できなくても困らない

②カベの突破をあきらめても問題が少ない（後ろめたくも、後悔もない）

　つまり、あきらめてしまって目的の達成を断念しても納得できるような場合です。

**　だからこそ、後戻りできず、かといって前進もままならないという時こそ「メラキ直り」のチャンスとなるのです。**

7 「メラキ直り」の術の生まれ

　私はこれまで、世の中にない、消費者にとって「未充足」なニーズに応える商品を開発してきましたが、その発想の秘密は「非常識」に挑戦したことでした。思い切って非常識に発想してみてはどうだろう、と開き直ったのです。

　すると、常識的な発想では出てこないであろう新しいアイデアが出てきました。しかも、それは消費者の強いニーズにピタリと応えるではありませんか。私はその発想法を

「非常識反転」と名づけました。「非常識な解決法」という意味を込めて。

　では、私が1985年に開発した「CAS分析」という商品発想プロセスでその流れを見てみましょう。

〈ニーズ〉
消費者の未充足の強い生活ニーズに応える商品アイデアを生みたい
　↓
〈手段〉
常識的に未充足の強い生活ニーズに応える商品アイデアをダイレクトに考える
　↓
〈手段に伴う問題〉
未充足の強い生活ニーズは無理難題な場合が多いので、ピタリと応えるアイデアはなかなか出ない。出てもありふれたアイデアばかり
　↓
〈開き直り〉
常識的にダイレクトに考えなくても、未充足の強い生活ニーズに応える商品アイデアを生みたい
　↓
〈新手段〉

アイデアを妨げているカベを「非常識反転」して、それに応えるアイデアを考える＝「メラキ直り」の発想

【例】サンスタートニックシャンプーの例
目的：頭も気分もスカッとする男性用シャンプーの開発
〈アイデアを妨げているカベ（問題）〉
スカッとさせるためメントールの成分を入れたいが、メントールが目に入ると痛い
　　↓
〈常識発想〉
目に入っても痛くないようにする
　　↓
メントールの配合量を減らす
　　↓
目に入ると痛いというカベは解決するが、「頭も気分もスカッとさせたい」というニーズ（目的）は未達成

　そこで、このように発想を変えるのです。

〈アイデアを妨げているカベ（問題）〉
スカッとさせるためメントールの成分を入れたいが、メントールが目に入ると痛い
　　↓

〈メラキ直り〉

目に入っても、痛くてもかまわない

 ↓

要は、頭も気分もスカッとさせられればよい

 ↓

目を閉じて洗えば目に入らないから、メントールの配合量
は必要なだけ入れよう

 ↓

「頭も気分もスカッとさせたい」ニーズ（目的）が達成

 「メラキ直り」の発想を用いて生まれた私の最初の成功
商品（ロングヒット）がこの「サンスタートニックシャン
プー」なのです。1968 年に発売され、今までに 50 年の間
売れ続け、愛用者に満足を提供し続け、企業に長年利益を
もたらしてきました。

 もし、常識発想で対応していたら、頭がスカッとする前
代未聞の男性用シャンプーは日の目を見なかったのです。

 「頭も気分もスカッとさせたい」という男性のニーズに
応えるためにいろいろとアイデアを考えていると、「メン
トールをシャンプーに入れたら」と思いつきました。メン
トールといえば、歯みがき粉です。そこで、歯みがき粉で
髪を洗ってみると、そのさわやかなこと。

早速、研究所の課長に提案をすると、「メントールが目に入ったらどうなるのか、お前は知っているのか？」と質問され、私が「知りません」と答えると、課長はおもむろにアルコールで溶いたメントールを差し出し、スポイトで自分の目に入れろと言うではありませんか。

　おそるおそる一滴だけ右目に落とすと、その痛みたるやとんでもない痛さだったのです。目は腫れあがり、視力もしばらく落ちるという強力な刺激です。

　しかし２、３ヶ月経過しても、メントールを超えるアイデアが思いつかず、ふとしたことから「従来のシャンプー（当時は女性用のみだけでした）も目に入ったら痛いのでは？」との考えが浮かびました。

　早速、シャンプーをお湯で溶き、手ですくって左目に入れてみると、痛い！　とにかく痛いのです。目論見通り痛く、そしてうれしかったのです。

　シャンプーは目に入ると痛い。だから大人は皆目を閉じて髪を洗うのです。

　メントールは目に入ったら痛いけど、目に入れなければ痛くないのだから、スカッとする十分な量のメントールを入れよう、と考えました。

　この一連の思考の中に、「メントールが目に入って痛くてもかまわない。要は目に入らなければよい」という「メラキ直り」の発想（Ｂタイプ）があったのです。

67

「メラキ直り」を使った初めてのブレークスルーとなりました。

この開発ストーリーは、Part2 事例編でもお楽しみください。

8 「メラキ直り」は万人のカベを低くする

「メラキ直り」の発想は、万人のカベを低くして万人を幸せに導く発想法です。

それゆえ、誰にでも、それが日本人にも海外の人にでも容易に使えるものでなければならないと思っています。

実は、現在はまだそこに到達していないと思っています。しかし私は、研究を深め、研鑽を積んで、やがて万人が使える道具にしなければならないと意を決しています。

9 「MIP 開発」と「MIP 化」における「メラキ直り」

商品開発において、今ない市場を新しくつくる「MIP 開発」（新市場創造型商品の開発）と、激戦市場から脱

出するための「MIP化」（新市場創造型商品化）、これら
はいずれも独自的で個性輝く商品を生み出します（Part2
Chapter4参照）。

「MIP開発」も「MIP化」も目的であり、「メラキ直り」
はその手段という関係にあります。また、「メラキ直る」
ことは目的を持つことであり、目的を持つことは夢を持つ
ことです。

ゆえに、「メラキ直り」は「目的達成＝ニーズ充足＝幸
せの達成」の手段となるのです。

10
くじけそうな達成意欲を救う

目的への達成意欲を失うと、達成はできなくなります。
では、どうして達成意欲を失うことになるのでしょう。

「カベが高い」と思うと、達成意欲は失せます。

または、「カベを乗り越えたい」と思う気持ちが弱い時
も達成意欲はなくなります。

では、「メラキ直る」ことによってカベは低くなるので
すから、「メラキ直れば、達成意欲は続く」ことになるの
です。

しかし、カベを乗り越えたい気持ちが弱ければ「メラキ

直り」は力を発揮できません。

したがって、「メラキ直り」は万能薬ではなく、達成意欲の強い時や人に力を発揮するのです。

カベが高く、くじけそうな時でも、達成意欲さえ強ければ「メラキ直る」ことで、達成が後押しされるのです。

11 古い習慣や文化に見る「メラキ直り」

着物、サリー（インドの民族衣装）、ターバン、ふんどし、これらに共通するものはなんでしょう。

人はそれぞれ体形や好みが異なります。一人ひとりの体形や好みに合わせて洋服をつくるには、手間もコストもたくさんかかってしまいます。このカベを、着物やサリー、ターバンやふんどしは次のように解決しているのです（「メラキ直り」Bタイプ）。

「個々に体形や好みが異なってもよい。要は裁断を変えたり（着物）、巻き方を変える（サリー）工夫を、着る人自身がすれば、手間もコストも節約できる」

ほかにも風呂敷は、**「持ち運ぶものの大きさや形が異なってもよい。要は1枚の布で、包み方を変える工夫を使う人**

がすれば、個別の入れ物や袋がなくてもよい」という考えの道具です。

　また、日本の古民家は、「**壊れないようにつくるのは無理でもよい。要ははじめから壊れても直しやすいようにつくっておけばよい**」という意図でつくられています。

　このように、日本の生活文化の伝統には、「メラキ直り」の発想が背景にあるように思われます。

　これには、諸行無常の考え方、「あらゆるものは移ろい、変化するものである。ずっと不変のものはない」という思想が関係しているように感じています。

　「**変化したほうがよい。変わりゆくことを生かそう**」（「メラキ直り」Ａタイプ）、という考えには、神社仏閣の古くなった美しさ、古民家の味わい深さを当てはめることができます。

　「**変化してもよい。要はそれに対応すればよい**」（「メラキ直り」Ｂタイプ）という考えには、住居や家具をリフォームできるようにつくること、ふすまや障子、畳を張り替えて新品にすること、下駄のすり減った歯を入れ替えることなどが連想されます。

12
カベをＡタイプで「メラキ直る」
と元気になる

　おみくじの中吉以下の説明文には共通した特徴があります。
　それは、「失敗しても、それも成功の元」とか「困難に
直面するのは成長の糧である」というように、カベがあっ
てもＡタイプで「メラキ直って」いるものが多いことです。
　これは示唆に富んでいます。カベをＡタイプで「メラキ
直る」と元気になれる、ということになります。Ａタイプ
の「メラキ直り」は、カベを活かすタイプだからです。

13
「メラキ直る」ことの本質Ⅰ

　カベが立ちふさがっている目的がある時、その目的を達
成する手段（カベを乗り越える方法）をまず考えますが、
どうしても解決策が得られない場合は、「その目的自体は
達成できなくても、上位の目的（目的の目的）が達成でき
ればよい」と考えることがキーポイントになります。
　それがカベを乗り越えて前進する道になるからです。
　そもそもカベを突破することが目的なのではなく、目的

の目的、あるいは目的の目的のそのまた目的が達成できればよいのです。

14
「メラキ直る」ことの本質Ⅱ

　手段に伴う問題を「メラキ直る」と解決策が得られ、結果を「メラキ直る」と心の解決が得られます。

　目的を達成するために解決すべきものが「課題」。

　課題を解決する手段に伴う問題がカベ。

　カベを突破する手段が「メラキ直り」の発想。

　カベ突破にもっとも大切なものは動機で、それは「カベ

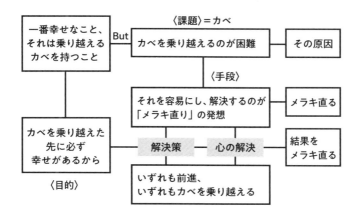

を乗り越えた先の幸せ」なのです。

　峠の先の幸せを求めて峠を越えるのです。だから苦しくても乗り越えられます。

　ゆえに、カベに挑戦すること自体が幸せなのです。

　そう、**一番幸せなことは乗り越えるカベを持つこと**だったのです。

15
「アイデア殺し」を救う

　アイデアは画期的なものほど殺される運命にあります。しかし、この認識が社内の上から下までないから困ったことになるのです。

　特に、せっかくメリットが大きいのにデメリットも大きいという理由で没になるのはもったいないことです。しかし、このケースは後を絶ちません。

　「メリット大 but デメリット大だからストップ」というこれまでの常識を、「デメリット大 but メリットも大ならGO」と、発想を転換することが必要なのです。

　すなわち、「デメリットが大でもよい。**要は、メリットが大なのだからそれを活かしてデメリットを解決しよう**」という発想です。

これで「アイデア殺し」は大分減らせるでしょう。

16 カベだらけの「MIP」開発には 「メラキ直り」の発想が不可欠だった

　私の成功商品開発にとっての武器は、「Ｃ／Ｐバランス理論」、「未充足ニーズ理論」、「MIP理論」（新市場創造型商品理論）、「聖域化理論」に加えて「GDI」（グループダイナミックインタビュー）という手法、そして「メラキアの発想」（「メラキ直り」の前身）という発想法の６つです。

　これらの武器の中で、「GDI」はMIP開発に欠くことのできない武器であり、「メラキアの発想」は、これなくしてMIPをこれほど数多く開発できなかったと思えるほどMIP開発と共にあったのです。

　「メラキ直り」の発想の発明がMIPの成功をもたらしたと言っても過言ではありません。

　「メラキ直り」の発想が、折れかけた「心」を元気づけてくれたおかげで上記の理論や手法が生まれたのです。

　ここで、MIP開発における「メラキ直り」の主な事例をコンパクトに紹介しましょう。

①サンスタートニックシャンプー

カベ	頭皮も気分もスカッとしたいという願いをかなえる男性用シャンプーを開発したい。スカッとする成分のメントールが目に入ると痛い。だからメントールは使えない。
メラキ直り	**「目に入っても、痛くてもかまわない」** 要は、目に入らなければいいのだから。そもそも大人は皆、目を閉じて頭を洗うから目には入らないと「メラキ直って」考えを前進させる。もし、「目に入っても痛くないように」という方向（常識反転の発想法）を採用すると、「シャンプーにメントールを入れる」という画期的なアイデアは、日の目を見ることはなかったかもしれない。

※本事例の詳細は Part 2 Chapter1 をご覧ください

②スキンガード

カベ	蚊が寄ってこないように商品を直接肌につけたい。しかし、いざ実験してみると、蚊が嫌う成分（忌避剤）を肌につけても蚊は肌めがけて近寄ってきてしまう。刺さないのだが寄ってきてしまうのは、消費者に商品の効果を疑わせる心配がある。このカベは開発チームにとってかなり致命的であった。
メラキ直り	**「蚊が寄ってきてもかまわない」** 要は蚊が刺そうとするのを忌避剤で止めればいい。もし、「寄ってこないようにする」という方向のアイデアを採用していたら、「忌避剤を肌につける」という画期的なアイデアの商品は生まれなかっただろう。

③カンターチ

カベ	アイロンがけで襟と袖をパリッと仕上げるために、糊を多く入れると、スプレーノズルに詰まってしまう。かといって糊の量が少ないとパリッと仕上がらない、つまり商品にならない。
メラキ直り	**「糊でスプレーノズルが詰まってもかまわない」** 要は、襟と袖がパリッと仕上がればよい。糊がだめなら、糊以外の成分を使えばいい。「糊づけ」という言葉に惑わされることはない。糊をギリギリまで減らし、シリコン等を入れればパリッと仕上がるし、むしろアイロンのすべりもよくなり、一石二鳥。

④ジャバ

カベ	溜まった湯ドロを取り除きたいが、風呂釜にはブラシが入らない。
メラキ直り	**「風呂釜にブラシが入らなくてもかまわない」** 要は、溜まった湯ドロを残らず取り除ければいい、と「メラキ直り」、当時の主流だったブラシで擦るという固定観念を捨てた。その結果、物理的ではなく、化学的に除去するアイデアに至った。

⑤カビキラー

カベ	タイルのメジについたカビを擦らずに取りたい。しかし、そのためには使用上の危険を伴う成分を使う必要があり、商品化は無理。

「その成分は使用上の危険を伴ってもかまわない」

要は、使用時にその危険性が軽減できればよい。

メラキ直り

成分は危険でも、それが危険とならないような工夫をした。商品の仕様としては、泡状にすることで、成分や匂いの飛散を大幅に抑えた。使用上の工夫では「危険表示」を大きく明示したり、マスクの使用を促したり、上に向けてスプレーしないことなどの注意点をパッケージや新聞、雑誌等で告知するアイデアを採った。もし、「危険を伴わないようにする」という方向で商品を開発していたら、「カビを殺す成分でメジのカビを根こそぎ取る」という商品は現われなかっただろう。

⑥固めるテンプル

カベ

新聞紙に油を吸わせるような面倒を省き、かつゴミとして出せるように油を固めてそのまま捨てられる商品をつくりたい。

①商品開発上のカベ：温度調節の加減によってはきれいに固まらず、研究開発部から「商品になってない」と判断され、発売が妨げられた。

②販売上のカベ 1：販売流通のバイヤーから「今までお金をかけずに捨てているのに、消費者が 300 円も払って買うわけがない」という厳しい抵抗があった。

③販売上のカベ 2：地区によっては「固めるタイプ」をゴミとして出すことが禁止されていた。

メラキ直り	①「きれいに固まらなくてもかまわない」
	要は、形がきれいでなくても捨てやすければよい、と「メラキ直り」、この品質レベルで、とにかく消費者に使ってもらおう、消費者がどの程度満足するかで決着をつけよう、と実際に主婦に使ってもらう商品テストを行なった。結果、消費者からは「非常に捨てやすい」という評価をいただき、研究開発部門も納得し、発売に進んだ。
	②「バイヤーにこの商品の魅力が理解されなくてもかまわない」
	要は、店に扱ってもらい、店頭に並べてもらえれば、消費者には魅力が理解される。そのために、バイヤーの奥様やお母様に使ってもらおうという、営業部のアイデアが功を奏し、バイヤーの心が180度変わった。
	③「ゴミとして禁止されている地区があってもかまわない」
	要は、ゴミとして認められるタイプを発売すればいいと考え、該当地区には、「吸わせるタイプ」の商品を売り出した。その結果、「テンプル」は全国的に販売することができたのである。

⑦禁煙パイポ

カベ	煙が他人のほうに流れないように、かつ、タバコがまずくならないようにしたい。タバコを吸いながら、タバコをやめられるようにしたい。
	①火をつければ必ず煙が出てしまう
	②吸いたい時に吸っていたのでは数は減らない

メラキ直り

①「火をつければ必ず煙が出てもかまわない」
要は、他人に迷惑をかけず、タバコを吸い続けられればよい。他人に迷惑をかけそうな場面では、火を使わないタイプを考え、ハッカパイプの商品アイデアが出る。
②「吸いたい時に吸って本数が減らなくてもかまわない」
要は、減らす苦痛を味わわず、吸いたい時に吸っても健康的にタバコが吸い続けられればよい。そのために、タバコの代わりになるものを吸えば吸うほど、その分タバコの本数は減る。だから、タバコの代わりに口にくわえられる商品にしよう、というアイデアに至る。

※本事例の詳細はPart2 Chapter2をご覧ください

17
「できない」を「できる」にする「メラキ直り」

いきなり「できない」ことを「できる」にすることは無理難題です。そこで、「できない理由（カベ）」を「メラキ直る」ことを続けると、いずれ「できる」ようになるのです。これが「メラキ直り」の発想法です。

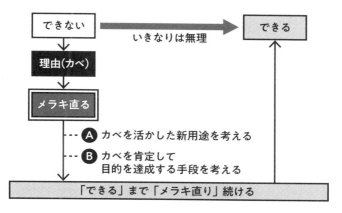

18
「メラキ直り」の発想で戦争はなくせる

　世界中の皆が「常識反転」の発想だから戦争はなくならないのです。つまり、直面するカベを直接解決しようとするからです。

カベ：「他国が武力で攻めてくる」
→①負けないように武力で戦う
→②攻められないよう防戦する

　これらは、「常識反転的」な解決策です。

「メラキ直り」の発想ならば、カベを肯定し、活かし、手段を前向きに探そうとします。

→「他国が武力で攻めてきてもよい。要は国民や国土が安全で、平和が保て、幸せに包まれるようになればよい」と「メラキ直り」、勝つ手段とか、負けない手段を考えるのではなく、国民や国土を安全に保てる手段や国民が幸せに包まれる手段を考えるのです。

これを世界中の国々が実行すれば戦いはなくなるだろうと私は信じています。「あまりにも楽観的すぎる」と笑われたとしても、「メラキ直り」とはこのように楽観主義なのです。

世界中の国々が実行さえすれば、戦争はなくなるのです。無理と言わず、「How to」を前向きに考えていきましょう。

きっと世界平和は人類の英知で招き寄せられると夢を持ち続ける限り、その可能性は続くのです。

19 「メラキ直り」はブッダの教えに似ている

ブッダの基本的な教えは、「ものごとは移ろう」ということです。つまり、「変化する」ということです。このことは、どのような存在にあっても基本的な真実です。この

真実を誰も否定できませんし、ブッダの教えは、この中に凝縮されていると、禅に関する本を読んで学びました。

「メラキ直り」の発想は "あるがまま" の心を持った発想であり、"すべては変化する" ということを肯定します。それ（変化するという事実）に逆らわないのです。

肯定した上で「カベ」を解決し、目的を達成するのです。

どんな現実も丸々受け入れるところからはじまるのが「メラキ直り」です。

20 「メラキ直る」と、無理難題、わがままに応えられる

MIP（新市場創造型商品）は、既存市場に後発参入する商品より100倍も成功するのですが、その秘密は消費者が企業に突きつける "無理難題" や "わがままなニーズ" に応えるところにあります。

そのような無理難題に応えることや、わがままなニーズに応えるということは普通の常識的な発想法ではたぶん多くの場合、不可能なことです。

しかし、「メラキ直る」ことによって道が開け、結果的に消費者の強いニーズに応える商品開発が可能になるのです。

これが MIP 開発に「メラキ直り」が不可欠な理由なの

です。

　筆者に「メラキ直り」の発想がなければ、こんなに多くのMIPを開発し続けることは本当に不可能でした。

21 「メラキ直り」の発想は、「あきらめて夢を捨てる」という無念を救う

　あきらめるとその時点で願いは叶わなくなります。つまり、あきらめて夢を捨てることになります。それは、とても無念なことです。

　あきらめることは、自らの意志で達成ニーズを断ち切ることで、それはカベの大きさによるというより、「達成意欲」の強弱によります。

　だから人はなるべくならあきらめないように努力をするわけですが、それにもかかわらず、あきらめざるを得なくなるから無念の気持ちが強く残るのです。

　「メラキ直り」の発想は、あきらめない発想ゆえに、「あきらめて夢を捨てる」という無念を救うのです。

22
「お経」と「メラキ直り」

　仏教のお経には、「あきらめ」という言葉がたくさん登場するということをお寺の関係者の方から聞きました。

　仏教における「あきらめ」とは、仏教学者の一郷正道教授によると「道理を納得して断念すること」と解説されています。

　そのニュアンスは精神的にポジティブで前向きなものです。つまり、感情的に「もうだめだ」というような「あきらめ」というより、「納得」という気持ち、すなわち「現状肯定感」があるのです。

　それは、「メラキ直り」も同様です。仏教のお経の「あきらめ」は「メラキ直り」のことなのです。

23
「幸せ」と「メラキ直り」

目的達成＝ニーズの充足＝幸せの達成

　この図式は消費者心理を長年研究していて明らかに事実

です（詳しくは拙著『消費者ニーズ・ハンドブック』同文
舘出版）。

　カベに突き当り、Ａタイプで「メラキ直る」と、「その
カベのほうがむしろよい。それを活かすと幸せの感激が訪
れる」という結果になります。

　例えば、砂漠で肌がカサカサに乾燥してしまった時、ボ
ディクリームを塗ると、砂に水を引くように肌が潤うのを
実感できます。そして「何と幸せなことか」と感激するの
です。普段の生活では当たり前のことが砂漠という悪環境
では "至福" となるのです。

24 変えられない未来は 「メラキ直り」の対象

　定められた、変えられない未来は変えられないからこそ
「メラキ直る」対象です。

　雨が降る。地震が来る。生きているものはいずれ死ぬ。
晴れていても日は毎日必ず沈む。

　これらの定められた未来はいくら避けたくても避けられ
ない以上、前向きに対処するしかありません。まさに「メ
ラキ直る」のです。

「これから雨が降ってもかまわない」

→あらかじめ傘を持参しよう（Bタイプ）

「これから雨が降ってくるほうがよい」

→その雨をバケツに入れて飲み水に使おう（Aタイプ）

「地震がいつか来てもかまわない」

→いつ来ても問題がないよう備えておこう（Bタイプ）

「地震がいつか来たほうがよい」

→そのほうが地殻変動が安定に保たれるので大被害は避けられてよい（Aタイプ）

「生きているものはいずれ死んでもよい」

→誰でも死ぬのだからその時が来たら安らかに待とう（Bタイプ）

「生きているものはいずれ死んだほうがよい」

→害虫を捕まえられなくても囲っておけば必ず死ぬから問題ないようにしておこう（Aタイプ）

「日は毎日必ず沈んでもよい」

→暗くなったら電気をつければよい（Bタイプ）

「日は毎日必ず沈んだほうがよい」

→暗いほうが花火はきれいに見えるから、夜に花火をしよう（Aタイプ）

もし仮に「常識反転」的に考えると、

「雨が降らないようにする」

「地震が来ないようにする」

「生きているものを死なないようにする」

「日は毎日必ず沈まないようにする」

となり、科学の勝利と見えたとしても、自然現象を破壊する知恵となります。

人類はそれほど愚かではないので、無意識のうちに「メラキ直って」いるのだと思われます。

シャチハタ（株）の清水孝洋氏がリーダーを務める「メラキ直り研究会」の研究によると、「メラキ直り」の発想による商品コンセプトのほうが技術的な難易度が低い、という結果が報告されています。

これは大変興味深く、かつ、利用価値大な発見です。

「メラキ直る」ことによって、それまでの発想では未解決だったことが解決可能になるからです。

前述の例で考えると明快です。

「雨が降らないようにする」（常識反転）のは技術的に困難ですが、「雨が降ってもかまわない」（メラキ直り）と現状を肯定し対策を立てるほうが容易なことがわかります。

Part I 解説編 # Chapter 5

「メラキ直り」の応用

　「メラキ直り」について、Chapter 4まででかなり
理解していただけたことと思います。

　本章は、「メラキ直り」の応用です。お読みいただ
くことによって、「メラキ直り」の意味を一層深く理
解していただけると共に、次のように感じることにな
るでしょう。

　「カベが立ちはだかったら、待ってました！」

　カベがあるから、乗り越えた先に甘い果実がある
のであり、もしカベがなければその甘い果実を味わう
ことはできないのです。

　それゆえ、カベは甘い果実の味を教えてくれる"友"
なのです。だから、カベが立ったら「待ってました」
と歓迎できるのです。

好評既刊

トップ美容業コンサルタントが教える
驚異のカウンセリング会話術
客単価がアップするカウンセリングノウハウを公開
橋本 学著
本体1500円

飲食店を開店・開業する前に読む本
開業成功の「原理原則」と経営継続の「時流適合」
藤岡 千穂子著
本体1500円

1枚のシートで業績アップ！
営業プロセス "見える化" マネジメント
営業プロセスの見える化で効率よく業績改善を実現！
山田 和裕著
本体1800円

お客様が途切れない店はこうつくる！
1人のお客様が100回再来店する店づくり
リピート率94％！ カリスマサロン経営者の売上アップ術
石川 佐知子著
本体1500円

小さな運送・物流会社のための
業績アップし続ける3つのしくみ
人材不足でも勝ち残る運送・物流会社になる具体的手法
酒井 誠治著
本体1600円

いつもリピーターで予約がいっぱい！
"地域一番" 繁盛院の接客術
「お客様のニーズを的確に探って叶える」実践ノウハウ
安東 久美著
本体1500円

「明日、営業に行きたくない！」と思ったら読む本
"営業の恐怖の洗礼" を確実に乗り越える30の処方箋
太田 和雄著
本体1300円

売れるコンサルタントになるための営業術
エージェント頼りにならない 顧客開拓のノウハウ満載
五藤 万留晶著
本体1500円

ビジュアル図解
物流センターのしくみ
経済・流通活動にとって欠かせない物流センターの知識を解説
臼井 秀彰編著/田中 彰夫著
本体1800円

ビジュアル図解
物流のしくみ
幅広い業種と結びついている「物流」の全体像を解説
青木 正一著
本体1700円

90日でリピート率を7倍にアップさせる超・実践ノウハウ
「1回きりのお客様」を「100回客」に育てなさい！
高田 靖久著
本体1400円

スタッフが育ち、売上がアップする
繁盛店の「ほめる」仕組み
どんなお店でもすぐに使える「ほめる仕組み」を大公開！
西村 貴好著
本体1400円

図解 よくわかるこれからの
品質管理
入門者から管理者まで対応。品質管理の手引書
山田 正美著
本体1700円

不景気でも儲かり続ける店がしていること
たちまちお客があふれ出す「コミュニケーション販促」のすすめ
米満 和彦著
本体1400円

エステ・アロマ・ネイルの癒しサロンをはじめよう
お客様がずっと通いたくなる小さなサロンのつくり方
小さなサロンだからできる開業・集客・固定客化のノウハウ
向井 邦雄著
本体1?00円

独学で確実に突破する
「行政書士試験」勉強法
普通の人が、働きながら、独学で合格を勝ち取る方法
太田 孝之著
本体1500円

ビジネス書

仕事にも人生にも自信が持てる！
女性管理職の教科書
働く女性が抱えがちな悩みや思い込みを解消するヒント
小川 由佳著
本体1500円

3ヶ月でクライアントが途切れないカウンセラーになる法
集客の悩みに効果抜群のカウンセラーの成功法則
北林 絵美里著
本体1500円

空き家管理ビジネスがわかる本
注目が集まる「空き家管理」業務のノウハウを図解で解説
中山 聡著／田中 和彦監修
本体1800円

部下からも会社からも信頼される
中間管理職の教科書
ギスギスした職場を変えるリーダーの人を動かすQ&A
手塚 利男著
本体1500円

"好き・得意"を教える先生になろう！
「お教室」のつくり方
プロが教える「生徒さんに長く愛されるお教室」づくり
池田 範子著
本体1500円

最新版 図解 よくわかるこれからの
マーケティング
マーケティングの定石と最新知識を図解で徹底解説
金森 努著
本体1800円

一瞬で場をつかむ！
プレゼン 伝え方のルール
本番で緊張せずに「自分のペース」で話す技術
森本 曜子著
1400円

マイペースでずっと働く！
女子のひとり起業 2年目の教科書
起業後の「困った！」を解決する"経営"のキホン
滝岡 幸子著
1500円

小さな不動産屋のはじめ方
不動産仲介業こそ独立・開業しやすいビジネス！
松村 保誠著
本体1500円

質問型営業で断られずにクロージング
営業は「質問」で決まる！
ただ質問するだけで、お客様自身が「買いたく」なる！
青木 毅著
本体1400円

説得・説明なしでも売れる！
「質問型営業」のしかけ
お客様に嫌がられずに販売できる「質問型営業」のノウハウ
青木 毅著
本体1400円

「ありがとう」といわれる販売員がしている6つの習慣
"ちょっとした"習慣でお客様が喜んで買ってくれる！
柴田 昌孝著
本体1400円

今すぐ身につき、自信が持てる！
新人のビジネスマナー
デスクに1冊あれば、グンと差がつき、自信が持てる仕事のコツ
元木 幸子著
本体1300円

過去問で効率的に突破する！
「宅建士試験」勉強法
「過去問を読むだけ！」で合格をめざす正しい勉強のやり方
松村 保誠著
本体1500円

モチベーションをキープして合格を勝ち取る！
「社労士試験」勉強法
合格への方程式は「品質×時間×目的×習慣」
牧 伸英著
本体1500円

独学で効率的に突破する！
「技術士試験」勉強法
余計な回り道をせず理系最高峰資格の合格ラインを超える！
鳥居 直也著
本体1600円

★ DO BOOKS 最新刊 ★

モノが売れない時代の「繁盛」のつくり方
―― 新しいマーケットを生み出す「顧客一体化戦略」

佐藤 勝人著

お客様は、決して「安さ」だけで買っているわけではない。大手には絶対マネできない売り方で、地域のお客様すべてに来店してもらおう！　リピート率 80％ 超の地域一番店が実践している「顧客一体化戦略」のノウハウ　　　　　　本体 1,500 円

新版　お客をつかむ　ウェブ心理学

川島 康平著

人はなぜ、このサイトをクリックしてしまうのか？　ハロー効果、ザイオンス効果、コンコルド効果…など、ウェブ制作とマーケティングで飛躍的な集客・購買促進効果が得られる、お客様の心を揺さぶる 50 の心理法則　　　　本体 1,500 円

新版　もうあがらない！
結婚式のスピーチで困らない本

麻生 けんたろう著

もう、他人が考えたスピーチ例を暗記する必要はない！　元あがり症の現役ラジオ DJ が教える、結婚式や二次会であがらず、「心からお祝いしたい！」という気持ちを「自分の言葉」で伝えるスピーチのマナーとコツ　　　　　　本体 1,500 円

DO BOOKS 公式ブログ http://do-books.net

DO BOOKS NEWS

同文舘出版のビジネス書・一般書　2018/6

DO BOOKS 公式ブログ http://do-books.net

人間関係　境界線（バウンダリー）の上手な引き方

おのころ 心平著

人間関係の境界線越え（バウンダリー・オーバー）が発生していませんか？　バウンダリーとは「自分と他人との間にある境界線」。相手からのココロの侵入を許したままにせず、表情・しぐさ・言葉遣いをほんの少し変えて「自分の領域」を守ろう！抑圧されず、孤立もしない快適でベストな人間関係のつくり方　　本体 1,400 円

店長のための「スタッフが辞めないお店」の作り方

松下 雅憲著

日本マクドナルド、とんかつ新宿さぼてん他、数多くのチェーン店で実証済！「スタッフが辞めたくないお店」を作るための「スキル（技術、やり方）・システム（仕組み）・スタンス（あり方、考え方）」を紹介。スタッフ不足問題が深刻な時代、業績を大幅に向上させている店長達が実践している 48 のノウハウ　　本体 1,500 円

●創業 122 年

同文舘出版株式会社

〒101-0051　東京都千代田区神田神保町 1-41
TEL03-3294-1801／FAX03-3294-1806
http://www.dobunkan.co.jp/

本体価格に消費税は含まれておりません。

ビジネスでも人生でも……

目的の達成
＝
甘い果実

カベがあるからこそ味わえる

1 あきらめることをうまく使って目的を達成する

「メラキ直り」の発想は、"しなやかにあきらめる"手段だと述べました。そもそも「めらきあ」とは「あきらめない」ことと定義しましたが、**あきらめるという手を用いても目的さえ達成できればそれでいいと考えるのです。**

所詮、手段は何かの思いつきで出てきたものであることが多いものです。それは、ある目的を達成するためのものであるはずです。

ですから、その手段がよい成果を生まないなら、それにしばられず、さらりとスマートに捨ててみる（すなわちあきらめる）のです。

すると不思議にも別のもっと魅力的な手段が目の前に現われることが多いのは驚くべきことです。

2 あきらめたらそれで終わりだが、その分、新しい選択肢が生まれる

「失敗はつらいけれども、それは新しい成功のはじまり

だ」ということです。

　失敗してもかまわない。あきらめてもかまわない。それは"その失敗"が終わるだけであり、次の成功のはじまりなのです。

　すでにお気づきの通り、「メラキ直り」の発想は、これはダメ、あれもダメという考えではありません。あきらめるのも、あきらめず「メラキ直る」のも共に"あり"です。
　要は目的が達成されればよいのです。少しぐらいの遠まわりには頓着しません。

3 一流の人はしなやか

　一流と言われる人は、驚くほど目的を忘れないものです。
　風になびく葦のように、ゆらりゆらりといい加減なしぐさに見えても、最後にはきちんと帳尻を合わせる点は見事です。
　それは、「目的を達成さえすれば何をやってもいい」という一流の人のひとつの特徴とも言えます。

　目的志向の人は、「あれ？　さっきの発言と違う」とか「論

93

理が一貫していないのでは？」と思ってしまう言動を取ったりします。

　カベの越え方にしても一様ではなく、かつ、カベをカベと思わない笑顔を見せることも多いものです。そして、知らぬ間に目的に到達しているのです。なんと、しなやかな行動でしょう。

4 「メラキ直り」はあるがままの心

　この「あるがままの心」は「メラキ直り」の説明には頻繁に登場します。

　「メラキ直る」には、現状を肯定することがまず必要で、それが「あるがまま」を認めることだからです。

　一般的には、その現状を何とか解決・解消したいと思って直線的にぶつかることが多いでしょう。だから、跳ね返されるのです。

　それは真実を否定するからにほかなりません。

　真実は真実です。それを直視し、認めることが「あるがままの心」なのです。これが「メラキ直り」の真髄です。

5

済んだことは後悔しない

「済んだことは後悔しない」という考え方は、「メラキ直り」のＡタイプです。例えば、「受験に失敗してむしろよかった。来年はもっと自分に合う学校を受けられるから」と、「失敗したことをプラスに活かす」のです。悔やんでも心は癒されません。済んだことは後悔しない。それが幸せに向かわせてくれる秘訣です。その逆は多くの人が経験している通りです。それは、忘れるしか方法がない、あまり素敵とは言えない選択です。

6

「あきらめ」の真意

夜、なかなか眠りにつけず、悶々としていることを例に考えてみましょう。「メラキ直り」が自在に使えるようになると、「眠りにつけなくてもかまわない。今日一日の余韻を楽しもう」とか「いろいろじっくり考えることができる」という境地になれるのです。

究極には、「眠れないくらいで別に死ぬわけでもない」。

この境地で眠れぬひとときを楽しんでいると、いつの間にか眠りについていることでしょう。

「ものは考えよう」とよく言いますが、「メラキ直り」の発想はまさにその通りです。

また、一般的に「あきらめる」というと、願いが叶わず、それへの思いを断ち切ることの意味で使われますが、本来の意味を調べると深いことを教えられます。

本来の意味は、「つまびらかにする」「明らかにする」ことによって、「納得すること」(諦観・諦聴)と言われています。

「メラキ直り」は問題を (あるがままに) 納得して解決策を考える前向きな思考です。

つまり、現状肯定が「メラキ直り」の本質であり、それはカベを避けるのではなく、「あるがまま」に直視し、明らかにし、納得して目的の達成を目指すのです。

これは仏教の教えに出てくる「あきらめ」の意味と通じると私は考えています。

7 「メラキ直り」は地球での 人類の生存を許す

人類のこれまでのやり方では、いずれ地球は人類の生存

を許さなくなることは明らかです。

その理由は、人類は人類の豊かさのために、地球環境を傷つけ続けているからです。

しかし人類が豊かさを求めることはごく自然の摂理です。

では、この問題を「メラキ直り」の発想で考えてみましょう。「メラキ直り」はあるがままの心なので、自然の摂理を肯定します。

①人類は豊かさを求めてもよい

②冬は寒く、夏は暑くてもよい

③雪や雨が降ってもよい

このような発想を用いていくと、地球との共存の可能性を探すことができるでしょう。あなたはそのアイデアが浮かびましたか？

8

努力せずに成功する方法

ノーベル賞をもらうような人は、人並みはずれた努力をものともしません。

それは努力の結果の果実のおいしさを知っているからと考えられます。

しかし、大した努力をしなくても成功できるならそうし

たい、と思う人が大多数であり、そういう人のための楽しくカベを突破する方法が「メラキ直り」の発想なのです。

　楽しく、快適に、次々とカベを乗り越えていくのが「メラキ直り」流です。

9 上位目的によって解決策やアイデアは異なる

　ここでひとつのトレーニングをしてみましょう。

　目的を「大地震でも落ちない天井をつくる」こととします。その上位目的は「①住んでいる人の安全を守る」「②耐震施工業界の No. 1 になる」です。この上位目的が、解決策やアイデアを規定していくことを右ページからの図の流れを見て確認してください。

10 上位ニーズほど「メラキ直り」甲斐が大きい

　幸せな人ほど、多くのカベを乗り越えた人なのではないか、と思われます。

　つまり、目的を達成するための手段に伴うカベを、次々

落ちない天井をつくれ！

ケース1

目的
大地震でも落ちない天井をつくる

→

上位目的
住んでいる人の安全を守る（上位目的が解決策やアイデアを規定する）

↓ そのために

課題
絶対に落ちないという天井をつくらなければならない

↓ しかし

カベ
絶対に落ちないとは学問的、技術的に不可能（技術者）

↓

解決キーワード
「落ちない」と言えなくてもよい メラキ直り

↓

解決策
要は、住んでいる人の安全が守られればよい

↓

アイデア
落ちても、 ①人の体に当たらない防御傘 ②瞬時に粉々になる天井材 ③瞬時に割れた天井材を吸収する壁

解決策の噛み砕き
住んでいる人の安全を守る、とは
・「何が、どうなることか」（What） ・「それは、どうやるか」（How to）
➡ ①落ちてくるものが人の体に当たらない 　②落ちてくるものが人の体に当たっても危害が少ない
➡ ①天井の下に傘を置く 　②落ちるものが軟らかく、軽いものにする 　③落ちてくるものが落下と共に横（まわり）に飛び散る

落ちない天井をつくれ！

ケース2

目的
大地震でも落ちない天井をつくる

↓ そのために

課題
絶対に落ちないという天井をつくらなければならない

↓ しかし

カベ
絶対に落ちないとは学問的、技術的に不可能（技術者）

↓

解決キーワード
「落ちない」と言えなくてもよい｜メラキ直り

↓

解決策
要は、耐震施工業界 NO.1 になればよい

↓

アイデア
落ちても、
① そのまま生活できる「居ながら工法」
② 倒壊物を土台材や建材にする「ブロック工法」

上位目的
耐震施工業界の NO.1 になる
（上位目的が解決策やアイデアを規定する）

解決策の噛み砕き

耐震施工業界 NO.1 になる、とは

・「何が、どうなることか」（What）
・「それは、どうやるか」（How to）

➡ ① 倒壊した建物を客が喜ぶように改修する
　② 倒壊状態を速やかに改修しやすい状態にする

➡ ① 省音、省粉塵、省振動工法
　② 粉砕して、更地にする工法

※地震は避けられないのなら、積極的にビジネスチャンスととらえよう

と乗り越えてきた人です。

そしてきっと、上位のニーズ（目的の目的、さらにはその上の目的）ほどカベを乗り越えた時の「メラキ直り」甲斐は大きいのではないかと思われます。

例えば、「顔をきれいに見せたい」というニーズと、「好きな人に愛されたい」というニーズでは、後者がより上位です。同時に、カベの大小で比べてみると、やはり後者のほうが大きいでしょう。

そして、それらを達成する時の「メラキ直り」甲斐もきっと後者のほうが大きいことでしょう。

11
遅すぎることはない

「メラキ直り」の発想は、何をスタートするにも遅すぎることはないことを教えてくれます。たとえば、60歳で定年を迎えた方が私にこんなことを言っておられました。

「本当は定年後、時間ができたら、商品開発を本格的に学んで世の中に貢献したいと願っていたのですが、忙しさにかまけて学んでこなかったので、いざ定年を迎えて考えてみると、やはりこれから学ぶには遅すぎると気がついたのです」と。

私は、本心から言いました。「遅すぎることはありません。あなたは幸い健康でいらっしゃるから、20〜30年の計画を立てて、コツコツコツコツその道を歩まれたら、きっとその道の一流になっておられるでしょう」と伝えました。

本当に遅すぎることはないのです。それがやりたい道ならばなおさらです。

12 幸せの前に必ず不幸あり ─努力をあきらめない─

例外なく、人は幸せを感じる出来事に至る前には必ず不幸なことがあります。

これは例外なく、そうなのです。胸に手を当て、思い出してください。

筆者の例をあげてみます。

①肺がんの手術が終わって、目が覚めた時、心から "ありがたい" "生きている" と幸せいっぱいの気持ちに満たされました。

この幸せを味わえたのは肺がんになった（病気という不幸）おかげです。

②400ページを超える大著が仕上がった時、感激で涙がこみ上げました。この幸せには400ページを超える執筆と

校正の大変な作業（つらいという不幸）があったおかげ
です。

13
「しかたがない」の気持ち

「しかたがない」という気持ちは誰でも持ちます。

「しかたがなくやるのではなく、もっと前向きにやれ！」
と忠告する人も多くいます。

しかし、「しかたがない」の気持ちでやるのもＯＫなの
です。

なぜなら、やりさえすれば、その向こうに幸せが待って
いるのですから。

行動（手段）→カベ→「メラキ直って」乗り越える

このプロセスは、どんな気持ちで臨もうとも訪れるのです。

「しかたがない」という気持ちも、「一心不乱」という気
持ちも、共に"あり"なのです。

14
人は失敗によって学び、
成功によって成長する

失敗はつらい分、何かを必ず教えてくれるものです。そ
れが「失敗によって学ぶ」の意味です。筆者は20代の頃、
商品開発の数々の失敗の後、「Ｃ／Ｐバランス理論」（184
ページ）の原型を生むことができました。

成功はうれしいものです。「また成功したい」と強く成
功を希求させます。

成功を強く希求する気持ちは人を大きく成長させるのです。

だから、失敗したほうがむしろよいのです。学べるから
です。そして、次なる成功のきっかけが見つかるからです。

15

つらくても笑顔になれば

自然免疫療法のＭ先生に伺った、奇跡的なお話です。

筋ジストロフィーで、どんな治療でも回復が見込めない
患者さんに、「笑顔をつくる」ことはできるだろうと、指
導されたそうです。

半年経っても、１年経っても変化なし。しかし、２年半
が経過した頃、急に回復がはじまり、なんと今では元気に
なって内科クリニックを開院しておられるとのこと。

**「つらいけれど、つらくてもかまわない。笑顔をつくる
しか自分にはできないのだから、ダメで元々と、効果が出**

料金受取人払郵便

神田局
承認

8122

差出有効期間
平成32年1月
31日まで

郵便はがき

101-8796

511

（受取人）
東京都千代田区
　神田神保町1－41

同文舘出版株式会社
愛読者係行

‖‖‖·‖··‖·‖‖‖·‖‖‖‖‖·‖·‖‖·‖‖·‖·‖·‖·‖·‖·‖·‖·‖·‖·‖·‖

毎度ご愛読をいただき厚く御礼申し上げます。お客様より収集させていただいた個人情報
は、出版企画の参考にさせていただきます。厳重に管理し、お客様の承諾を得た範囲を超
えて使用いたしません。

図書目録希望　　　有　　　　無

フリガナ		性　別	年　齢
お名前		男・女	才
ご住所	〒　　　　　　　　　　　　　　　　　　　　　　　　　　　　　　　 TEL　　　（　　　　）　　　　　　　Eメール		
ご職業	1.会社員　2.団体職員　3.公務員　4.自営　5.自由業　6.教師　7.学生 8.主婦　9.その他（　　　　　　　　　　　）		
勤務先 分　類	1.建設　2.製造　3.小売　4.銀行・各種金融　5.証券　6.保険　7.不動産　8.運輸・倉庫 9.情報・通信　10.サービス　11.官公庁　12.農林水産　13.その他（　　　　　　　　）		
職　種	1.労務　2.人事　3.庶務　4.秘書　5.経理　6.調査　7.企画　8.技術 9.生産管理　10.製造　11.宣伝　12.営業販売　13.その他（　　　　　　　　）		

愛読者カード

書名

◆ お買上げいただいた日　　　　　年　　　月　　　日頃
◆ お買上げいただいた書店名　　（　　　　　　　　　　　　　）
◆ よく読まれる新聞・雑誌　　　（　　　　　　　　　　　　　）
◆ 本書をなにでお知りになりましたか。
　1．新聞・雑誌の広告・書評で　（紙・誌名　　　　　　　　　）
　2．書店で見て　3．会社・学校のテキスト　4．人のすすめで
　5．図書目録を見て　6．その他（　　　　　　　　　　　　　）
◆ 本書に対するご意見

◆ ご感想
　●内容　　　　良い　　普通　　不満　　その他（　　　　　）
　●価格　　　　安い　　普通　　高い　　その他（　　　　　）
　●装丁　　　　良い　　普通　　悪い　　その他（　　　　　）
◆ どんなテーマの出版をご希望ですか

＜書籍のご注文について＞

直接小社にご注文の方はお電話にてお申し込みください。 宅急便の代金着払いにて発送いたします。書籍代金が、税込 1,500 円以上の場合は書籍代と送料 210 円、税込 1,500 円未満の場合はさらに手数料 300 円をあわせて商品到着時に宅配業者へお支払いください。

同文舘出版　営業部　TEL：03 - 3294 - 1801

るまであきらめずに笑顔を続けよう」

これがこの患者さんの「メラキ直り」（Bタイプ）だったのです。

16
寛容の精神

寛容というのは、広い心で相手を許容することを指します。

例えば、相手がけんかをしかけてきたとしましょう。

まともにけんかに応じれば、勝っても負けても両者の心は閉じたまま。

その時、寛容の精神で相手を許し、相手が喜ぶ提案を持ち出すと、どうなるでしょう。

結果として、本心からは仲良くなれないとしても、あるいは相手の言い分の多くを飲まされる結末になったとしても、多くの場合、その時点で寛容を示した人は示された人の心を満たすことができ、満足感を味わうことができるのです。

17
真の消費者志向
―不便だと言われてもかまわない―

「梅澤成功商品〈MIP〉開発スクール」というものを主催しています。そこでの生徒さんとのやり取りです。

「ながら菓子」という新カテゴリーの表現コンセプトをつくっているチームとのやり取りです。

「運転中でも本品は、片手で食べられるけれど、道路交通法の問題があるので、それは訴求できないのですが、運転席の横のカップホルダーに入るように容器デザインを設計すれば、訴求はしなくても運転中でも食べてくれると思います」

このようにある方がアイデアを説明しました。

しかし、私はこのようにアドバイスしました。

「僕だったらホルダーに入らないように容器デザインを設計しますね。なぜなら、企業責任が問われなければよいのではなく、運転事故が起こらないようにすべきだと思うからです」

「使うかどうかは消費者の自由だから、消費者の責任だ」という考えでは甘いのです。

「不便と言われてもかまわない。買ってくださるお客様の安全をもたらす策をとる」。これが真の消費者志向なのです。

18

絶体絶命のピンチ

　山で急に熊に出会うような絶体絶命のピンチの時、「メラキ直り」の発想はどうすべきと教えてくれるでしょうか。

　出会った熊に「必ず食い殺される」と考えてはならないということが第一です。

　しかし、出会ってしまった事実は変えられません。

　その瞬間のあなたの「目的」は、"とにかく生きること""助かること"です。

　その目的を達成するために解決すべき「課題」は、

①熊の気をそらす

②熊と戦って追い返す／恐れさせる

③熊と仲良くなる

④熊に気づかれないようにする

　が考えられます。

　それぞれの課題を解決する「手段」（アイデア）はあるでしょうか。

　その時の状況によりますが、

①熊の気をそらす

　・近くにある木の枝や石を熊の後ろに投げる

・笛を持っていれば、それを強く吹く

②熊と戦って追い返す／恐れさせる

・熊の大きさにもよりますが、近くに手頃な木の枝があれば、威嚇して追い返す

・何も手元になければ、立って両手をあげて体を大きく見せ、大声で威嚇する

③熊と仲良くなる

・リュックから食べ物を出して、熊に投げる

・身体を低くして、そっと熊に近づく

④熊に気づかれないようにする

・身をかがめ、音を出さないように、じっとして通り過ぎるのを待つ

　それぞれの手段にはいずれも、心もとない欠点や不安もつきまといます。

　しかし、肝心な点は、いずれのアイデアも現状肯定し、"あるがまま"を受け入れている点で共通しているということです。

　絶体絶命のピンチという状況は、リセットできない、否定できないものです。

　それゆえ、「メラキ直る」しかないのです。「メラキ直る」ことでいずれかの手段（アイデア）の実行で一命を留める、という目的を達成できる可能性はあるのです。

逆に言えば、「メラキ直る」以外に一命を取り留める手段はないでしょう。

19

「死んでもよい」はない

たとえ目的の達成のためでも「死んでもよい」という考えはありません。なぜなら、死んでしまったら、目的の達成はできても、見届けられないからです。

達成の喜びのためにカベを乗り越えるのだから、見届けなければ喜びが味わえません。

同様に、「好きな人がいなくなってもよい」もないのです。

なぜなら、本当に好きな人がいなければ、生きていく甲斐がなくなるからです。

つまり、「メラキ直る」対象は「死ぬ原因」なのである、ということです。原因はどこまでも「メラキ直れ！」と私は伝えたいのです。

そして、済んでしまった結果はしかたがないので、結果を「メラキ直る」と"心の解決"が得られます。

20

人は命ある限り、あきらめていない

　人はいろいろな場面であきらめることを決断せざるを得ないことが起こります。二股に分かれる道に出会う度にどちらかをあきらめる。生きていることは選択とあきらめの連続です。

　しかし、人が生きている、すなわち命ある限り、その人はその人の人生をあきらめていないのです。

　「あきらめ」とは、自らの意志で達成の気持ちを断ち切ることだからです。

Part 2 事例編 **Chapter 1**

「サンスタートニック シャンプー」の壮絶な 「メラキ直り」

　Part2 では事例として、私が実際に開発した商品が どのように生まれ、どのようにカベを「メラキ直り」 続けたのかをストーリーでお読みいただきます。

　まずは、男性用シャンプーの先駆けとして開発し、 今年で 50 歳を迎えるロングヒット商品「サンスター トニックシャンプー」です。ひとりの社員として、立 ちはだかるカベに向かって、社内で奮闘した様子をご 覧ください。そして、カベは「メラキ直れ」ば、乗り 越えられるものだと実感していただけるでしょう。

　私の手を離れてから長い間にわたり、ロングヒッ トを支え続けてくださったサンスター社の金田 CEO はじめ、ご担当者様各位に心から感謝いたします。

「メラキ直る」とカベは低くなるから、「メラキ直れ」ば達成意欲は続くのです。

「サンスタートニックシャンプー」はこうして生まれました。

1968年発売当時の
サンスタートニック
シャンプー

現在発売中の
パッケージデザイン

1 「サンスタートニックシャンプー」開発のはじまり

　1968年、「サンスタートニックシャンプー」は発売されました。今日まで50歳になるロングヒット商品です。

　筆者が28歳の時に初めて手にした成功商品でもあります。

　それまでは失敗の連続でしたが、負けず嫌いの私はその失敗の数々の要因を分析して、成功の要因を探っていました。

　失敗の度に、上司はもとより、流通業の方、広告代理店の方、学者、友人などに失敗の理由を尋ね歩いていたのです。

　その結果わかったことは、皆に考えていただいた失敗の理由は、枝葉の要因であり、それらを直しても成功はしないということでした。

　ある夏の暑い日曜日、1本の映画が失敗の本当の理由を教えてくれました。

　その映画（主人公が男と出会い、別れるストーリー）が私を覚醒させたのです。

　「今まで考えもしなかったこと、したがって、今までやらなかったことが、成功の要因であり、それが根本的要因ではないか」と気がついたのです。

　それは、「買う前に欲しいと思ってもらうための商品上

の力」でした。

私はそれを「商品コンセプト」と定義しました。

それまでは、「買ったあと、買ってよかったと思ってもらうための商品上の力」（それを「商品パフォーマンス」と定義しました）ばかりに関心があり、商品開発といえば、「商品パフォーマンス開発」と信じていたのです。

それに気づき、覚醒した私は「これからは『商品コンセプト』開発に力を入れよう」と心に誓いました。「C／Pバランス理論」の基礎が生まれた瞬間です。

そんな折、新商品開発の指示が下されます。素直に「幸運だ」と思いました。

「今度こそ成功できるかもしれない」。

次項から開発ストーリーをご紹介します。

2 カベ①「市場にない商品など売れるはずがない」というまわりの認識

上司からは「シャンプー市場に参入せよ」との命令が下りました。それは既存市場に後発参入するということを意味していたと共に、再び失敗する可能性を意味していたの

です。

　自分の過去の失敗はすべて、「既存市場に後発参入した」という共通性があったからです。

　しかし、社内には「市場にはない商品など売れるはずがない」という認識が強く、上司も例外ではありませんでした。そこで、次のように「メラキ直り」をしたのです。

キーワード：「『市場にない商品など売れるはずがない』との認識が社内や上司にあってもよい」（Bタイプ）

　要は、「『シャンプー市場に参入する』という上司の命令に従って成功する商品を開発しよう」と「メラキ直り」、行動分析の結果、「男性用シャンプー」が浮かびます。

　これなら上司の命令には反しないし、「男性用シャンプー」は市場にないから、成功の可能性はあるのでは、と考えを前に進めたのです。

　その途中経過を役員会で報告したところ、財務担当のI取締役から「梅澤君、男性は男性用シャンプーが欲しいというニーズを持っているの？」と質問されました。

　「そのニーズは潜在しているので、『男性用シャンプーが欲しい』という声は上がっていませんが、きっとあると信じます」と、しばらくして答えました。

　すると、「それなら、そのことを検証してみたまえ」と、

私の上司であるY事業部長が救いの手を差し伸べてくだ
さったのです。

3 カベ②消費者に聞いても本音のニーズがわからない

　さっそく男性社員に、「今、世の中にないもので欲しい
と思う男性用商品を教えて」と質問してまわりました。

　しかし、その結果「男性用シャンプー」はあげられませ
んでした。それでもあきらめず、「潜在しているから、回
答で出てこないのだろう」と考え、次は直接「男性用シャ
ンプーが出たら使いたいか？」と質問しました。その結果、
「使いたい」「特徴によっては使いたい」との答えもありま
したが、「せっけんで十分だからいらない」との答えが大
半だったのです。

　それでも私はあきらめませんでした。「どのような特徴
を持つ男性用シャンプーかを伝えなければ、不要と答えら
れてもしかたがない。ぜひその特徴を考えよう」と前進す
ることにしたのです。

**キーワード：「消費者に聞いて本音のニーズがわから
なくてもかまわない」（Bタイプ）**

117

要は、「どのような特徴を持ったシャンプーなら男性の
ニーズに応えられるかを明らかにしよう」と「メラキ直り」
ました。洗髪は習慣的行動なので、その行動を引き起こす
ニーズは潜在しているのです。だから、本人に聞いても本
音のニーズはわからないのだろうと仮定しました。

「聞いてもだめなら見てみよう」と思いつき、兼ねてか
ら着手していた「行動分析法」という行動観察を行なうこ
とにしました。

気づかれずに洗髪を観察するために、すでに歯磨きのため
の行動分析用につくってあった観察室を改良して使用するこ
とにしました。

その結果、画期的なことがわかったのです。

「男と女の洗髪の行動は異なり、男性は頭皮をがりがり、
女性は髪をいつくしむように洗っている！」

行動が異なるということは、ニーズが異なるということ
です。なぜなら「強いニーズは行動に表われる」からです。

男性の洗髪ニーズは行動から、「頭も気分もスカッとさ
せたい」に違いないと推測しました。それを仮説にグルー
プインタビューを行ない、各種属性の年齢幅も広い層に、
上記ニーズが強く存在することを確認できたのでした。

そのニーズは従来の洗髪では達成されない「未充足の強
い生活ニーズ」だったのです。

新しいシャンプー開発のゴールとすべき消費者ニーズ（男性のニーズ）が決まった瞬間です。

4 カベ③爽快感を出すためのメントールは目に入れると激痛が走る

早速「頭も気分もスカッとさせる」手段（アイデア）を考えました。

以前から爽快感の研究をしていたので、すぐにシャンプーにメントールを入れるというアイデアが浮かびました。

それを実感するために歯みがき粉を絞って洗面器に入れ、泡立て、直接頭にかけてみたのです。

泡立ちは悪いけど、頭はスカッとするし、気持ちがとにかくいい！　これだ！　とひとりで感動しました。

研究所の課長のところへ行き、「例の男性用シャンプーですが、メントールを入れたらよいと思います。ご検討ください」と頼んだところ、大変な目に遭いました。

課長は私に「お前はメントールが目に入ったらどうなるか知っているのか」と聞いてきました。私が「知りません」と答えると、「これを自分の目に入れてみよ」と言って、アルコールで溶いたメントールの原液をスポイトで差し出したのです。

おそるおそる、一滴だけ右目に入れてみます。

痛い！　なんたる痛み！　激痛が走る。

シャンプーにメントールを入れるというアイデアは、その瞬間にあきらめざるを得ない気持ちになりました。私の目は腫れ、視力も落ちていったのです。

キーワード：「メントールが目に入って痛くてもかまわない」（Bタイプ）

要は、「目に入らなければ痛くならない」と「メラキ直り」、目に入らないアイデアを考えることにしました。

目に入らないためには、目を閉じればいいことはすぐ気づいたと同時に、大人は誰でも目を閉じて洗髪していることにも気づくことができました。

そこまで考えが進んだところで、「要はメントールの入っていない、女性用シャンプーでも目に入ったら痛い」ことを証明すれば、大人は誰でも目を閉じて洗髪していることを実証できると思いました。もし、メントールが入っていなくても痛ければ、僕の勝ちだ！　と前を向いたのです。

そこで、洗面器にお湯を入れ、女性用シャンプー（粉末）を溶いて、それを手ですくって左目に入れてみました。

痛い！　激痛です。

痛いけれども最高にうれしい気分でした。

この出来事を社内に伝え、メントールをシャンプー
に入れるアイデアは了承されたのです。これは、Part1
Chapter4で触れた通りです。

5 カベ④不振の事業部で 資金がない

　メントールを爽快感が出る最適量を入れる処方が固ま
り、広告販促を考える段階に入りました。
　さっそくぶつかったカベは、当時の家庭用商品事業部は
お金がない事業部で、テレビ広告を投入することは無理
だったことです。
　ギリギリ費用的に可能性があるのがラジオ広告でした。

キーワード：「テレビ広告が使えなくてもかまわない」 （Bタイプ）

　要は「インパクトの強い広告なら、その分少ない費用で
も広告できる」と「メラキ直り」、とにかくインパクトの
強いラジオ広告を考えることにしました。
　その結果、シャワーが流れる音を背景に、男が「ワーッ」
と大声で叫び、「気の弱い男は使うな！」「サンスタートニッ

クシャンプー」とのナレーションで終わる広告が完成し、幸いそれが受けて少ない広告費で順調に売上を伸ばし続けたのです。

不振の事業部だったからこそ、のどから手が出るほどヒット商品に飢えていたこともあり、セールスマンは一所懸命に売ってくれたのです。

6 カベ⑤グループインタビューという 調査手法の信頼性が低い

「サンスタートニックシャンプー」の商品力を評価するために、グループインタビュー調査を行ないました。私は、見よう見まねで20代からグループインタビューの司会を自ら行なっていて、そこから得られる消費者深層心理の確かさを信頼していました。

しかし、世の中も社内も「そんな調査があるのか」「そんな少人数で何が言えるのか」と批判的な意見でした。

キーワード：「世の中も社内もグループインタビューに批判的でもかまわない」（Bタイプ）

要は、「発売に向けてトップのゴーサインが得られれば

よい」と「メラキ直り」、事業部のトップである安福事業部長に「これはいける！」と確信を持ってもらう算段を考えました。

事業部長は売り玉に飢えています。その彼が「これはいける！」と判断してくれる手法があれば、「トニックシャンプー」は日の目を見ることができるのです。

あらかじめ、２週間で数回使ってもらう依頼を了承してくださった20代、30代、40代、50代の男性各２グループを対象に、私が自ら司会を行ないました。公民館の一室を借り、安福事業部長と関係スタッフは隣室でスピーカーから流れる出席者たちの声に耳を澄ましていました。

約２時間のインタビューが終わり、出席者が退室後、事業部長を筆頭にスタッフが部屋に入ってきます。そして、部長は私の両手を取り、「これは大ヒット間違いないぞ」「研究のメンバー、よくここまでいい商品をつくってくれて、ありがとう……」。

まだたった１グループのインタビューが終わっただけなのに、このような雰囲気になりました。その後３日間かけて計８グループのインタビューを終えた時の私の経験的判断でも「大ヒット間違いなし」というものでした。

今までにまったくない商品であり、今まで味わったことのない快感が得られたことを、出席者は興奮気味に発言し

てくれました。

　グループインタビューという手法は"生々しく"心理が手に取るようにわかるのです。それゆえ、安福事業部長の飢えている心に響くものがあったのです。

7 カベ⑥「こんなのはシャンプーと言えない」という顧問の批判

　最終決裁は金田博夫新社長（当時）が下すことになっていました。

　その金田社長に顧問のＡ大学教授は「こんなのはシャンプーとは言えない」「シャンプーは洗髪するためのもので、頭がスカッとするなどというのはシャンプーではない」という主旨の批判を伝えていました。

　社長は私と安福事業部長を社長室に呼んでＡ教授の批判を伝えてくださいました。

キーワード：「頭がスカッとするのはシャンプーではない、と思われるのはむしろよい」（Ａタイプ）

　従来のシャンプーらしくないことをむしろ活かそうと「メラキ直り」、金田社長に「確かにＡ教授がおっしゃる

ように、男性消費者はシャンプー以上の評価を与えています。頭を洗うだけなら今まで通りせっけんでいい、と皆言っています。ですから、むしろ成功すると思います。ぜひ発売させてください」と懇願しました。

安福事業部長も、グループインタビューでの反応を伝えて、後押ししてくださいました。

私はA教授の「シャンプーらしくない」との批判を前向きに受け取りました。

なぜなら、"新カテゴリー"の商品として消費者は認めてくれるに違いないと思ったからです。

後日、大ヒットして各種賞をいただき、金田社長は「起死回生の大ホームラン」と賞賛してくださいました。

〈事例からの学び〉

1　社内に誤った成功の定義があると、売れる商品も売れない

2　「行動」には強いニーズが表われる

3　「カベ」を「メラキ直れ」ば前進できる

4　少ない広告費を補うにはインパクトが必要

5　新しい手法やアイデアは常に批判にさらされる

6　グループインタビューは聞く人に直接感動を与える

7　常識という魔物は新しい発想のカベとなる

Part 2 事例編 # Chapter 2

アルマン「禁煙パイポ」の しなやかな「メラキ直り」

　ここでは、私が独立して最初に手掛けたロングヒット商品「禁煙パイポ」をご紹介します。テレビ CM のインパクトが強かった商品なので、その映像を知っている読者もいらっしゃることでしょう。1984 年のことです。

　「禁煙パイポ」は世のためになる社会性の高い立派な商品です。

　ここでもカベを乗り越えるための七転び八起きの「メラキ直り」のストーリーをお楽しみください。

```
              ┌──────────────────┐
              │       カベ        │
              ├──────────────────┤
              │ ①お金がない       │
              │ ②セールスマンゼロ  │
              │ ③成分の問題       │
              │ ④自社工場がない    │
              │ ⑤品切続出         │
              └────────┬─────────┘
                       │
                       ▼
         ┌──────────────────────────┐
         │ 「メラキ直り」で発想転換！  │
         └──────────────────────────┘

              ┌──────────────┐
              │   大ヒット！   │
              └──────────────┘
```

1 「禁煙パイポ」開発のはじまり

　「禁煙パイポ」という名前から、発売当初から"タバコをやめる商品"だと多くの人々に思われていました。そのため、使用した方から「タバコがやめられない」というクレームもありました。しかし、それは驚くほど少なかったのです。

　その真相は愛煙家の心理にありました。愛煙家の本音は「周囲に迷惑をかけたり、健康を害さない限り、タバコは吸い続けたい」というものです。

　この事実は発売前の深層心理調査でとらえられていましたし、愛煙家の読者なら納得されるでしょう。

　「禁煙パイポ」はタバコを吸えない時に吸ったり、吸いすぎたと思った時の救いになるとても優れた社会的価値の大きな商品です。

　その開発に伴うカベと「メラキ直り」を見ることにしましょう。

2 M社長との出会い、そして共に "成功"を目指す決意

　1984年、私はジョンソン株式会社を卒業させていただき、商品開発のコンサルタントとして独立しました。待っていた最初の仕事がアルマン（当時）「禁煙パイポ」でした。

　この時の新カテゴリー名は、「禁煙節煙パイプ」と私がつけ、「（禁煙）パイポ」のネーミングはM社長がつけました。そしてUSP（Unique Selling Proposition＝ユニークで売り込みの効く主張）の「吸いながらタバコをやめる」は私の作です。M社長以下計4人プラス私の小世帯の会社でした。

　M社長との出会いはそこからさかのぼること10年前。当時、販売実務協会（座間忠雄代表主催）の「新商品開発研究会」の生徒としてご参加されたM社長はある有名な喫煙具メーカーの開発マンでした。

　その時、「未充足の強い生活ニーズ」に応えることが成功要因であることを学び、よく売れる商品を開発したいという夢を抱いておられたM社長は禁煙関係の商品開発を会社に提案。ところが、喫煙具メーカーが禁煙商品を出すのはいかがなものかと反対され、独立を決意されたと伺います。

　M社長は、ちょうど同じくして独立した私に指導を求

めに来られ、「ぜひ理論通りにやってみたい」ということと、「広告費をかけるマーケティングをしたい」と２つの要望を出されました。

　私は、独立したばかりなので、「ぜひ成功させ、コンサルタントとして順調な船出をしたい」と願っており、両者の心はひとつになってベクトルは"成功"に向かったのです。

3 成功の裏話

　結果としては、正味８ヶ月で約19億、３年後には数十億円売り上げるという成功に至ったのですが、順を追って説明すると、まず静岡でテストマーケティングを行ないました。たった４人の会社、それも生まれたての会社でテストマーケティングをやったのです。

　私に言わせれば、小さい会社だからこそテストマーケティングを行なったのです。テストマーケティングはリスクを減らし、可能性を最大化するために行なうものです。何も大企業が行なうものではないのです。

　静岡をテストマーケティングのエリアに選んだのは、２つの理由がありました。

そのひとつは、元々テストマーケティングにふさわしいエリアのひとつとして私が経験的に考えていたことです。2つ目の理由は、懇意にしていた問屋さんがあったことです。そしてテストマーケティングは大成功を収め、その実績を持って東京の銀行へ行き、借金のお願いをしました。その銀行はすでに静岡での「禁煙パイポ」の出来事をよく知っていました。それはテレビコマーシャルを行なっていたからです。その時点で東京のマスコミでも度々話題になっていたのです。

　銀行から借りたお金で、次は東京でテストマーケティングを行ないました。まだ社員は4人のままです。そして東京でも大成功を収め、その売上を元手に関西と九州に販路を拡張したのです。

　セールスマンゼロです。工場もありません。その年の日経ヒット商品番付で「小結」にランキングされました。

　テレビのいろいろな番組で「私はこれで○○をやめました」と小指を立てて言うギャグが大流行りとなり、少ない広告費にもかかわらず、知名度が一挙に高まり、「禁煙・節煙パイプ」と言えば「禁煙パイポ」という連想が高まり、「カテゴリー代表度」が急激に高まりました。

　実は、主婦団体からは「小指を立てる仕草はけしからん」

とのお叱りを受け、一方、禁煙団体からは「大いに頑張れ」のエールをもらいました。

　まさに社会を巻き込んで、話題を集めたのでした。折しも社会全体が禁煙ムードになっていたことは大いに売上の追い風でした。同時に、タバコメーカーからはかなり横ヤリが入り、恐ろしい目にも遭いました。

　売上は順調に推移し、数十億円に達した３年目の終わり頃、社長が退くことになり、私も共に引かせていただくことになります。

　その後、約30年以上経過しましたが、「禁煙パイポ」は健在です。ある新聞社の調べでは後発品は約40品目出ましたが、残っているのは「禁煙パイポ」だけとなりました。

　さて、ここまでの流れをお読みいただき、読者の方にはいろいろ疑問がわいていることでしょう。

　「なぜそんなに順調に成功できたのか」
　「４人の会社でいったいどうやってできたのか」
　「資金も少ないはずで、なぜテレビ広告が打てたのか」
など。

　実はカベだらけのスタートだったのです。決して“順調”などというものではありませんでした。それを次項から見

ていただきましょう。

4 カベ①テレビコマーシャルをする資金がない

　M社長は、「ぜひともテレビコマーシャルをやりたい。それで失敗して無一文になっても本望です」とまで言われました。

　しかし、お金がありません。お金はM社長の前職の退職金プラスアルファしかありません。

　普通に考えれば、とても広告など投入できる経営状態ではないのです。ましてテレビコマーシャルとなれば、なおのこと。しかし、私のこの考えは振り返ってみれば固定観念そのものでした。

　「お金がない＝テレビコマーシャルは無理」

　こういう図式が私の頭にあったのです。もうこれは「メラキ直る」しかありませんでした。

キーワード：「お金がなくてもよい。要は効果的なテレビコマーシャルができればよい」（Bタイプ）

　テレビコマーシャルを投入するには、大別して２つのお

金が必要です。

　制作費とオンエア代金（広告出稿料）です。

　まず制作費を少なくすることから考えました。当時、テレビコマーシャルの制作費は、1,000万円以上は当たり前、数億円かかるものまで、という時代。制作費の内訳を見ると、数十項目もありました。それらの中で最小限の項目を探すと、「カメラマン」「撮影小道具」「登場タレント」の３つだとわかりました。

　そこで、まずひとりのカメラマンが照明から設営まですべて行なうことに決め、依頼しました。しかし、それでもまだ料金は必要です。そこで、「メラキ直り」ました。

キーワード：「売れっ子のクリエイターでないほうがよい。効果的なテレビコマーシャルがむしろ生まれるかもしれない」（Aタイプ）

　当時、懇意にしていただいた広告代理店の副社長にお願いしてクリエイターをご紹介いただき、そのクリエイターに無料で引き受けてもらいました。ただし成功した時には、十分にペイを弾むことをつけ加えました。

　そのクリエイターはとても優秀でしたが、実は客先との関係で、しばらく仕事がない状態でした。それゆえ彼は頑張りました。ご自分の名誉のためにです。

私はそのクリエイターに次のお願いをしました。

　「今までのご経験ではまず没になるだろうと思われる広告を100万円以下でつくってほしい」と。

　なぜ、そういうお願いをしたかというと、たとえば「ユニークなものをつくってほしい」と頼むと、かえって平凡な他の会社でもやっているようなものになってしまうことを私は経験から知っていたからです。

　彼は、頭を抱えましたが、さすがでした。あの有名な場面、壁の前に3人の男性が一人ひとり立ち、

　「私はこれでタバコをやめました」

　「私もこれでタバコをやめました」

　「私はこれ（小指）で会社をやめました」

　とまじめくさった、いかにもコミカルなCMです。

　ちなみにこの3人はすべて素人で、ひとりたった8,000円の謝礼を差し上げました。タレント費は合計24,000円です。

　それはこういうしかけでした。当時、懇意にしていたある雑誌に、「テレビに出たい人募集」という小さな広告を無料で載せていただきました。その雑誌社は、読者のためになる（利益になる）内容は元々無料で載せてくれるところだったのです。

すると、なんと約1000人もの応募があり、その中から書類選考で10人ほど残し、壁の前でそれぞれ演技をしていただき、例の3人が選ばれたのです。この選考もクリエイターひとりが責任を持ってやってくださいました。

　広告の基本的な伝達内容は、私が「表現コンセプト化技法」を用いてつくりましたので、私のコンサルティングフィーしかかかっていません。そのため制作費は100万円もかかりませんでした。広告出稿料はテストマーケティングをすることによって少なくて済み、かつ話題性が高かったものですから、その少ない広告で大きな効果が出たのでした。

　私がつくった「表現コンセプト」とは、このようなものでした。

USP：吸いながらタバコをやめる

新カテゴリー名：禁煙・節煙パイプ

トーン＆マナー：コミカル

5 カベ②セールスマンゼロ

　なにしろ4人だけの会社ですから、全員がセールスマン

になっても、所詮4人では知恵を使う以外、10億も20億も売ることはできません。そこで、どうせ少ないならセールスマンはゼロにしようと考えたのです。

そうは言っても、販売の責任者がいないというのは何かと不具合です。社長に次いで年長のA氏に販売管理部長になってもらいました。

販売部長になると、"売ること"が責任となり、つい"売ること"に専念しがちです。しかし、セールスマンはゼロですから、所詮"売ること"に専念しても結果は知れています。そこで販売管理部長という名称を持っていただき、もっぱら"売る以外"に注力していただきました。早速A氏に、「『禁煙パイポ』がもっとも売りにくい店はどこだろう」と尋ねてみました。

彼はすぐ「それはタバコ屋さんでしょう」と答えました。

そして、「でも、まさかタバコ屋さんに売るわけではないですよね」と釘を刺してきました。

私は社長とあらかじめ下打ち合わせをしており、もっとも売りにくいタバコ屋さんで売れる方法を考えれば、セールスマンゼロでも売れるのでは？　と合意していました。

そこで、販売管理部長のA氏に「タバコ屋さんに配荷（売るのではなくあくまで店頭に並べてもらう）するにはどうしたらよいか」を考えてもらうことにしたのです。

社長以下全員で、ブレーンストーミングを行ない、次の案を実行することが結論づけられました。

テストマーケティングエリアの静岡市のすべてのタバコ屋さんに、
・学生アルバイトに2ダースずつ置いて回らせます。
・タバコ屋さんの店員さんには絶対に「禁煙用」とは言わず、「明日からテレビコマーシャルが入り、見た人がタバコと一緒にこれを買いに来るので、置いてください。売れた分はすべてあなたのお店の儲けです」と説明させました。

タバコ屋さんにすれば何の損もありません。むしろ売れた分はすべて儲けになるなら断る理由はありません。

こうして配荷はみごとに成功、テレビコマーシャルを見た愛煙家が、タバコと一緒だったり、「禁煙パイポ」だけを買いに来ました。少し経ってタバコ屋さんから追加の注文が入り、短期のうちに収支がプラスになる売上が達成できたのでした。

注文は問屋さんを通して受け、問屋さんは指定工場に「禁煙パイポ」を取りに行き、タバコ屋、スーパー、コンビニ、生協、駅売店などに配荷してくれました。販売管理部長はその手配でも手腕を発揮しました。

ここまでで、「セールスマンがいない」というカベに対する「メラキ直り」を整理してみましょう。

キーワード：「セールスマンゼロでもかまわない。要は十分に配荷できればよい」（Bタイプ）

　もっとも売れにくい店で売れる手段が考えられればよいと、タバコ屋が浮かぶ。

キーワード：「タバコ屋さんがもっとも売りにくいほうがよい。もしそこで売れればセールスマンゼロでも売れる」（Aタイプ）

　この発想から、学生アルバイトに配荷させるアイデアを生む。

　そして、タバコ屋さんの店員さんの抵抗を防ぐために、
キーワード：「タバコ屋さんに万一、禁煙用品だとわかってもかまわない。要は配荷促進できる手段を考えればよい」（Bタイプ）

　このように「メラキ直り」、売れた分（2ダース）はすべて儲けにする提案を思いつく。

　結果は、非常にスムーズに配荷は進んだのです。学生というまったくの素人でも十分だったのです。売れることがわかったタバコ屋さんはあらかじめ指定された問屋さんに

注文を出しました。こうやって、タバコ屋さんをはじめ「禁煙パイポ」はどんどん広まっていったのです。

6 カベ③タバコをやめられる成分が入っていない

　元々、パイポの中味はメントール他香料が少し入っているだけで、禁煙成分などは入っていないのです。

　「吸いながらタバコをやめる」というUSPの真の意味は、愛煙家がタバコを吸えない場面でこのパイポをくわえることで、タバコをやめなくても済む、という愛煙家が禁煙しなくてもよい商品として設計されています。

　愛煙家の心理を深く洞察すると、「本当は（健康に問題なく、他人に迷惑をかけないなら）タバコは吸い続けたい」が本音なのです。

　ですから、禁煙成分が入っていなくて当然なのです。

　しかし、ここが複雑なところなのですが、本音ニーズにズバリ応えるような訴求は愛煙家の心に抵抗を与えます。

　かといって、「禁煙できる」とも訴えられない（成分的に）し、どちらに行ってもダメ、という状態の中で、次のように「メラキ直り」ました。

キーワード：「禁煙成分が入ってなくてもかまわない。要は愛煙家が繰り返し買ってくだされればよい」（Bタイプ）

このように「メラキ直り」、1箱に3本入れ、3本を吸っている間に、「これではタバコはやめられないが、口さみしさは抑えられる」というベネフィット（利益）と、「家族から、タバコをやめる努力をしていると思われる」というベネフィットを実感してもらうことができ、そのことによって、「禁煙効果」はないが、自分に必要な商品だ、という認知も密かに与えることができたのでした。

キーワード：「小売店や問屋さんが禁煙効果に疑問を持ってもかまわない。要はこれからも拡販してもらえればよい」（Bタイプ）

一方、小売店のバイヤーや問屋の担当者から、発売後1〜2ヶ月した頃に、「タバコがやめられない」との声があがるようになりました。この声にきちんと答えないと小売店や問屋の販売意欲にマイナスを与えかねません。

そこで、「『禁煙パイポ』を吸ってもタバコはやめられないのに、なぜ『禁煙パイポ』はよく売れるのか」というタイトルの講演会（小売店バイヤーと問屋の担当者相手に）

を北海道から九州まで行ないました。

それを通じて、パイポは禁煙用品ではなく、実は愛煙家がタバコを吸い続けるための商品であること、それが愛煙家にとってのニーズに合っていることを説明し、十分に理解していただきました。

次第にタバコメーカーにも「禁煙パイポ」は愛煙家のためのものだ、ということが伝わり、タバコケースにパイポ1本入れるキャンペーンをするメーカーも出てきました。パイポを吸うと口の中がさっぱりするので、次に吸うタバコが毎回うまいのです。

7 カベ④製造する工場を 持っていない

"ないないづくし"が続きます。「お金がない」「セールスマンがゼロ」「効果がない」と、ないものづくし。それらに輪をかけて商品を製造する工場もないのです。さあ、どうやってつくるかです。

幸い私は、ジョンソン時代から、ほとんどのMIP（新市場創造商品）をアウトソーシングしていましたので、社外に製造を依頼することには慣れていました。このため、

次のようにしてこのカベはかなり容易に突破できました。

キーワード：「自社に製造工場がなくてもよい。要は必要な数量製造できる方法を考えればよい」（Bタイプ）

このように「メラキ直り」、プラスチック製品を製造している町工場を探し、製造を依頼しました。売上が増えるにつれて、紹介、紹介で数十の工場で製造しました。これらの複数の工場の管理でも販売管理部長が大活躍です。

8
カベ⑤製造のキャパシティが少なく、品切れ続出

数十の町工場に分割して製造を委託したのですが、それでも注文に追いつかず、かつ、これ以上増産すると品質上の問題が懸念されました。問屋や小売店からは催促の嵐です。さあ、どう突破したでしょうか。

キーワード：「注文に追いつかず品切れしたほうがむしろよい、それを活かそう」（Aタイプ）

新聞一面広告で、

小売店様へ「禁煙パイポ」からのおわび——販売いただきありがとうございます。おかげ様で、多くのお客様にお買い上げいただきましたが、工場が小さいものですので、品切れになっています。つきましては、これからの製造分から、来年に回させていただきます。

　という主旨の文を載せたのです。

　この戦術の裏には次の思惑がありました。私のビジネスの基本として、いつも社長にしつこくお伝えしている考えのひとつに「売上と利益は急激に増やさず、かつ年々必ず高める」という考えがあります。

　「禁煙パイポ」は増産すれば、初年度もっと売れたわけですが、それは私の感覚からすれば売れすぎで、来年どうなるのか不安だったのです。結果的には、この戦術が功を奏し、3年目には初年度の数倍に手が届く売上になりました。

　この新聞広告で多くの問屋から来年分の注文が年内にとれ、計画的に、リスクなく増産できたのです。

　消費者の間では、「禁煙パイポ」はかなり定着し、会議中禁煙の会社が増えていましたが、そんな場面でも「禁煙パイポ」が活躍していました。

　極めつけは、当時の政権党の重鎮が愛煙家であることを知り、純金のカバーつきパイポを贈ったところ、それを本

会議中にくわえてくださり、それが実況中継のテレビで放映され、大変な話題になりました。

　また、高校生にも広がり、多くの高校で「パイポ禁止」になるという事態も起こりました。

　世の中の禁煙ムードの流れの中で、「禁煙パイポ」はどんどん成長を続けたのでした。前に少し触れたように、3年以内に約40種の後発商品が参入してきましたが、いずれもすぐに消えて、「禁煙パイポ」だけが残りました。競合品はすべて「禁煙パイポ」の本質と愛煙家の心理を理解せず、「タバコは体に悪い」とか「タバコはまわりに迷惑をかける」という内容を訴えました。

　愛煙家は、そんなことは言われなくても先刻承知していましたので、そのような訴求は愛煙家の心を逆なでするものになってしまったのです。

キーワード：「禁煙パイポのテレビコマーシャルのトーン＆マナーはコミカルのほうがいい。そのほうが禁煙効果がなくても、目くじら立てる人は少ないだろう」（Ａタイプ）

　このような理由で、あのコミカルなコマーシャルにしたのです。愛煙家にはピンときたのです。

以上のように、「禁煙パイポ」はたった4人の会社でテレビコマーシャルを打ち、大きな売上と話題を広げ、発売後30年以上経った今も売れ続けているのです。

〈事例からの学び〉

1　お金がないからできない、とあきらめてはならない

2　セールスマンがゼロでも消費者に魅力的な商品は売れる

3　消費者の本音に応える商品はよく売れる

4　自社工場がなくてもアウトソーシングで目的に合致する商品は製造できる

5　商品がよく売れるためには社会的な追い風は重要な要因である

6　小資本の歴史のない会社でもMIPなら成功できる

Part 2 事例編 # Chapter 3

肺がん克服──すべてがカベ。しかし「とにかく元気で長生きするんだ！」

　本章は、私のプライベートな事例となります。カベをしなやかに乗り越える「メラキ直り」の発想は、ビジネスだけに使えるものではなく、人生そのものに力を発揮するのです。この事例があなたの人生を生きるヒントになれば幸いです。

```
┌─────────────────────────────┐
│   まだまだやりたい仕事も     │
│   叶えたい夢もある           │
└─────────────────────────────┘
              │
              ▼
┌─────────────────────────────┐
│   肺がん宣告からの           │
│   七転八倒ストーリー         │
└─────────────────────────────┘
              │
              ▼
┌─────────────────────────────┐
│ **とにかく元気で長生きしたい** │
│ というゆるぎない目的（気持ち）が │
│ 私を支え、前向きにしてくれた！ │
└─────────────────────────────┘
```

1

肺がんとの戦い──エピローグ

　2016年夏、PET‐CT検査で肺がんの疑いがかかります。その後の精密検査で肺腺がん確定。要手術を宣告され、横にいた妻は泣きました。仕事のキャンセル、どこで手術を受けるか、手術せずほかの手段はあるのか……、考えなくてはいけないさまざまなことが頭をよぎります。

　信頼できる親戚、知人、友人のご意見を聞きますが、決定打はありません。その間、いとこから東京のK病院の呼吸器外科部長H先生を紹介されます。結局、H先生に執刀していただくことになるのですが、それまでいろいろな先生を紹介され、その中にはがん治療の有名な先生もいました。また、手術は身体の負担が大きすぎると、手術すること自体への反対意見もありました。

　H先生が間質性肺炎を併発していることを見つけてくださり、このままで手術をするのは危険と判断します。そこで、間質性肺炎を抑える治療を先にし、2016年9月10日に手術をします。約10時間の大手術となり、家族は大いに心配してくれました。

　目が覚めた時、"命"を感じました。しかし、しばらくは痛みが続き、加えて肺炎の息苦しさにも悩まされます。

それでも10月10日には退院でき、リハビリを行ない、仕事への復帰ができました。

　この一連の流れの中で、次々とカベが発生し、その都度「メラキ直り」続けてきました。元気に回復してきたのは、前向きな気持ちの結果だと実感しています。

2 カベ① PET － CT 検査の結果、肺がんの疑いを宣告される

　2015年から新しい人間ドックを受けることにした1年目にPET － CT検査で肺がん宣告を受けました。その時、真っ先に頭に浮かんだ「メラキ直り」のキーワードは次の通りです。

キーワード：「早く肺がんを宣告されてよかった」（Aタイプ）

　肺がんの宣告はとても悲しい出来事でしたが、早くわかったことは新しい人間ドックに行ったおかげと「メラキ直り」、前向きに治療生活に入ることができたのです。

　「今、見つかってよかった」と思うか、「何で自分が肺がんに？」と悲観するかでは、次の打つ手が異なりますし、

何より気持ちがプラスとマイナスの違いです。「メラキ直り」の習慣が身についていたことを心から喜びました。

3 カベ②どの治療を受けるべきか確信を持てない日々

手術をするか、抗がん剤治療か、免疫療法か、放置療法か……。いずれも素人の知識ではベストな選択が下せない状況で、次のように「メラキ直り」ました。

キーワード：「その治療がベストかどうか、確信が持てなくてもかまわない」（Bタイプ）

要は、確信を持つことが目的ではなくて、元気に暮らすことが目的だから、治らなくても元気に暮らせるようにしてくれるところを探そうと「メラキ直り」、ベターな選択肢を探すことに専念し、手術を選びました。

4 カベ③ふたりのドクターの選択に迷いに迷う

いとこと親しい関係にある H 先生と、医療分野に詳しい信頼できる友人 F 氏が紹介してくれた有名なドクター。

　H 先生はお人柄もよく、何より親身になって対応してくださる経験豊富なドクター。有名ドクターのほうは明確な語り口と溢れる信念を会話にみなぎらせているのが印象的。そのどちらの先生にお願いするかという葛藤の場面でも、私の気持ちは次のように「メラキ直って」いました。

キーワード：「ふたりのドクターの選択に迷ってよかった」（A タイプ）

　迷ったおかげで両ドクターについても深く調べられ、その上で面会し、自分の目で確信を持てたのだからと「メラキ直り」ました。

　両ドクターと面接するまでは有名ドクターに傾いていたのですが、面接を経て、はっきりと H 先生に自分の命をお任せしたいと、踏ん切りがつけられ、満足できました。

5 カベ④間質性肺炎は不治の病

　肺がんは治療法があるけれど、間質性肺炎は不治の病と

されています。それを放置して悪化させることが最悪の事態を招くことを知らされた時も、気持ちは次のように前向きでした。

**キーワード：「間質性肺炎は不治の病でもかまわない」
（Ｂタイプ）**

　要は、治らなくても元気に長く生きられればよいと「メラキ直り」、間質性肺炎を悪化させないことに留意しました。主治医の「優先的に間質性肺炎の悪化を抑える」治療を受け入れ、同時に間質性肺炎に詳しい北海道のＡ先生の漢方治療を並行して受診することにしました。

　当のＡ先生も、「治らなくても元気で長生きできればいいのでしょう」と「メラキ直る」のでした。

6 カベ⑤抗がん剤治療するも再発。転移は防げない

　2017年8月のMRI検査で肺に再発したことが判明。間質性肺炎とのバランスをとりながら治療してくださった主治医のご苦労が表情から読み取れます。

　9月から抗がん剤治療に入ることになるのですが、知人

から聞いた話だと、抗がん剤治療は再発も転移も防げず、むしろ死を早めるという説があることを知ります。その時も沈む気持ちにはならず、気持ちを前向きにしました。

キーワード：「抗がん剤治療で再発、転移が妨げられなくてもよい」（Bタイプ）

　要は、元気に寿命をまっとうできればよいと「メラキ直り」、主治医の抗がん剤の量を最小限に抑える治療をしていくという方針を受け入れ、かつ抗がん剤に頼らない代替療法の検討をはじめます。

7
カベ⑥代替治療は科学的エビデンスに欠ける

　その代替療法は「抗がん剤は再発や転移を防げないばかりか、死を早める」ということを主張しており、アメリカの機関では認めているとの文献はあるものの、日本の学会ではほとんど無視されています。科学的エビデンスに欠けているのです。素人として正しい判断はできずとも、心は前を向いていました。

キーワード：「代替療法が科学的エビデンスに欠けていてもかまわない」（Bタイプ）

　要は、元気で長生きできればよいのです。科学的エビデンスに欠けているから悪いと決めつけるのではなく、元気を保つ可能性が高い手法にかけようと「メラキ直り」、代替療法のドクターの門を叩くことを決意し、診察を受けることにしました。また少し前進できた、と感じました。

8 カベ⑦代替療法は食事などの 生活上の拘束が多い

　代替療法は治るとしても時間がかかり、いろいろ生活上の拘束が大きいという情報が入りました。しかも、代替療法について受診してみると、今の仕事や生活ができなくなることも懸念されたのです。これを実行することは、夢を捨てることにもなり、受け入れにくかったのですが、すすめられた玄米を中心とした食事療法は、家族の協力があれば可能だし、身体を元気にすることを確信できました。そこで、次のように心を前進させました。

キーワード：「食事制限があってもかまわない」（Bタ

イプ）

　要はできる範囲のことで元気になろう。完璧でなくても少しでも健康によいなら取り組もう、と考えました。そこで、玄米菜食中心の食生活なら可能だから、できることをやろうと「メラキ直った」のです。

9 「メラキ直り」が寿命を延ばすことに気づく

　以上のように、次々とカベを「メラキ直り」続けているうちに、心が次第に元気になっていくのを感じました。そして、その結果、心だけではなく、体も元気になっていく可能性に気づいたのです。

　「メラキ直り」→プラス思考（心の元気）→細胞中の「テロメア」が伸びる→体の元気

　細胞中の「テロメア」という靴ひも状の物質の長さが寿命に関係することを発見してノーベル生理学賞を受賞したカルフォルニア大学のエリザベス・ブラックバーン博士の共同研究者であるエリック・エペル教授は、「テロメアの

長さはものの考え方と関係する」ことを発見しました。

未来に生じることのネガティブ思考（たとえば、検査の結果が悪かったらどうしようと心配する、など）の強い人のテロメアは短い。

ポジティブ思考（検査のタイミングがちょうど来てよかった。これで自分の健康状態がわかる、などと前向き）の強い人のテロメアは長い。

つまり、寿命の長さ＝テロメアの長さ＝思考傾向ということが明らかになったのです。

しかも、「マインドフルネス」という呼吸法を用いて実験すると、後天的にもテロメアの長さをコントロールできることもわかったのです。

以上の研究結果を知って、「メラキ直り」という前向きなポジティブ思考を身につけるとテロメアが短くなるのを防ぎ、結果として寿命が延びるかもしれない、と明るい気持ちになりました。「メラキ直る」習慣がテロメアの長さを保ち、寿命も延ばしてくれるのだと。

〈事例からの学び〉

1　過去の出来事を「よかった」と思うと、過去が背中を
　　押してくれる

2　確信を持てずに迷うことは、解決策を探す時間を与え
　　てくれる

3 前向きな気持ちを持ち続けることがカベを乗り越え、打つ手に恵まれる

4 Bタイプで「メラキ直る」と、目的に合致する手段が得られる

5 現実に目を閉じても何も解決しない。現実をあるがままに肯定すると、現実は変えられないが、夢や目的は叶えられる

6 等しく重要な道の選択は葛藤をもたらすが、迷って悩むより、その分、検討時間が取れてよかったと考えるほうが前進できる

7 「治りたい」「元気になりたい」との思いは、ひとつしかない命をまっとうさせる力になる

8 Aタイプで「メラキ直る」とカベを活かす知恵や考えが生まれる

9 妻の献身的な看護や家族知人の親身な協力は、まず当人の心を前向きにさせ、「メラキ直り」を後押ししてくれる

Part 2 事例編 # Chapter 4

現在進行形の「メラキ直り」ビジネスアイデア

　大きくなったビジネスは例外なく「流通革命」を伴っています。換言すれば、「進化」した事業です。

　スーパーマーケット、デパート、ネットショッピング、宅配便、コンビニエンスストアなどがその典型です。

　本章でご紹介する例は、現在進行形でアイデアを練っている最中。まだ海のものとも山のものとも言えないアイデアですが、中には大きなビジネスに育っていくものがあると確信しています。

従来の市場

- 競合過多
- ありふれた商品

ここに参入するのではなく

新市場

今ない商品で新しい市場を創造しよう！

1 従来の延長線上にない、進化したビジネスが花開く

　実は、スーパーマーケット、デパート、ネットショッピング、宅配便、コンビニエンスストアも、すべて「メラキ直り」で生まれた事業と言えます。

　スーパーマーケットは、「客の家から店が遠くてもかまわない。要は一度に多種類の買い物が安くできるなら」（Bタイプ）という発想。

　デパートは「客の家が店から遠くてもかまわない。要は欲しいものが何でも買えて、ショッピングが楽しめればよい」（Bタイプ）という発想。

　ネットショッピングは「値段が安くなくてもかまわない。要は欲しいものが家に居ながらにして早く入手できるなら」（Bタイプ）という発想。

　宅配便は「効率の悪い配送網しか持っていないほうがいい。それをむしろ強みにして小口配送に特化しよう」（Aタイプ）という発想。

　コンビニエンスストアは「品揃えはスーパーより劣っていてもよい。要は、生活に必要なカテゴリーの代表が揃っていればよい。その分、客の家に近づける」（Bタイプ）という発想。

以上に共通しているのは、それまでの売り方や配送の仕方の延長線上ではなく、売り方や配送の「進化」です。これらの売り方は、瞬く間に普及し、消費者に生活変化をもたらしました。この「従来の延長線上にない」という部分が「メラキ直り」の特徴なのです。そして、すべて MIP（新市場創造型商品）事業だということです。

2 「Try me カタログ」

　中小企業の多くは、「全国区での知名度が低い」というカベを持っています。知名度が低いということは、商圏が狭いということで、商品を広めることができない、というジレンマを抱いてしまいます。

　しかし、ここで、**「知名度が低くてもかまわない。要は商品パフォーマンスさえ高ければ、よく売れる手段を考えればよい」**と「メラキ直る」（B タイプ）ことで、カタログをつくって販売先を広げる方法を思いつきました。以下がアイデアです。

〈アイデア〉

① 「Try me カタログ」運営会社を設立し、中小企業を会

員にする（事業主体）

②所属の"プロシューマー"（商品評価や商品開発、マーケティング等の訓練を十分に受けた消費者（主に主婦集団））を結成

③会員企業から提出された商品を、プロシューマーによる「商品パフォーマンス評価」を行ない、高い評価の商品のみを選択

④選択した商品を「Try me カタログ」に掲載。内容は商品説明（商品コンセプトの解説）や写真、プロシューマーのコメント

⑤消費者は書店またはネットにてカタログを購入

⑥試したい商品があれば直接運営会社にコンタクトし、サンプルを請求、試用

⑦サンプルを試した消費者が満足すれば、次は正規の価格で購入

　このビジネスのメリットは次の通りです。

〈メリット〉

・消費者はプロシューマーのコメントを見て、**自分のニーズと合った満足度の高そうなサンプルを試用できる**

・消費者はサンプルを試用することで、**確信を持って購入できる**ので、不満足の商品を買うリスクがゼロ

・企業は、プロシューマーの力によって商品コンセプトを

魅力的に表現してもらうので、コンセプト開発力が弱くても**トライアル購入を促進できる**

・企業は商品パフォーマンスさえ高ければ、会費を負担するだけでカタログに掲載できるので、**既存の商圏に限らず多くの消費者からの注文が得られる**

3 「自宅ショップ」(Business in Life)

　全国でマーケティングするには大金がかかります。逆に狭いエリアでマーケティングをするには顧客が少ない、というカベが出現します。そこで、**「顧客が少なくてもよい。要は、結果的に全国で十分な売上と利益が長年にわたって得られればよい」**と「メラキ直り」(Bタイプ)、次のアイデアを考えました。

〈アイデア〉

①定年退職者、シングルマザー、子育て中の母親、高齢の女性（おばあちゃん）など、従来ならビジネスを行なう環境に制限されてしまう人を集め、企業（オーナー）はその人の自宅を店舗にすることを契約する

②顧客は近隣住民。人間関係が出来上がっていて、信頼さ

れている人と契約

③店舗の人を「パートナー」と称し、商材とノウハウを提供し、商材代とノウハウ代をオーナーは受け取る

④オーナーは本アイデアの事業運営会社（事業主体）

⑤オーナーは全国の各拠点からパートナーを募り、教育と商材を提供する（売上）

⑥事業規模モデルは、「単価×年間販売個数×客数×パートナー数」

⑦商材は将来、多岐にわたるが、例えばつくり立て豆腐、免疫グッズ、安全消毒済み野菜・果物など、他の店では買えない商品

⑧告知はチラシ、電話、クチコミ、訪問

⑨旗や看板（のれん）を立てて存在を告知、アピールする

このビジネスのメリットは次の通りです。

〈メリット〉

・消費者は家の近くで買い物ができる便利性。「新鮮な豆腐が食べられる」などのほかにないサービス。一般のチャネルでは買えないものが買える

・消費者と販売者の心の通い合いにもなり、地域への貢献になる。昔の日本人の心を取り戻せる

・企業（オーナー）は、パートナー数を定期的に増やすことにより、少ない広告、マーケティング費で大きな売上

を年々増加させられる。各パートナーが近隣に告知、販売することによって少ない費用で全国的に有名なのれんオーナーになれる

・企業のブランド力も資金力もビジネスノウハウも弱くても、ビジネスの場がつくれ、拡大できる

4

「MIP のれんシェアシステム」

　本項の「MIP のれんシェアシステム」と、続く項の「聖域の棲み分け」「MIP 化」の説明のためには、「聖域化理論」の理解が必要ですので、ここに概略を示します。

①パイオニアとして市場を開拓し、「カテゴリー代表度」(カテゴリー名からブランド名が純粋に想起される率) が高い (50％以上) ブランドは、長年、売上も利益も安定的に拡大するという法則性を見つけました。その領域を「聖域」と称します。

②「聖域」に昇るためには、次の3つの手段が不可欠です。

　(1)「激戦場」から「MIP 化」、および、更地に新しい市場をつくる「MIP 開発」で、「聖域の入口」に入る

　(2)「聖域」に向けて「カテゴリー代表度」を高めてい

く作業。この作業には広告費を中心としたかなりの費用負担が必要で、**中小企業の大きなカベとなる**

（３）「激戦場」から膨大な費用をかけてカテゴリー代表度を高めた（50％以上）後発大手企業のブランド（「戦場王者」）は、すでに「聖域」に昇りついていた「聖域の主」とのシェア争いをやめ、共に協力して市場の拡大、強化をすることで、「戦場王者」も「聖域の主」になる（聖域の棲み分けシステム（詳細は次項））。これは、両者にとって大きな経営上のメリットがある

聖域化理論

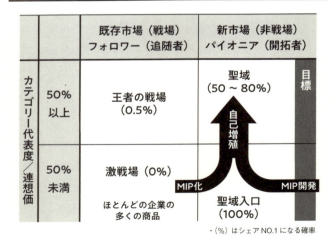

・（％）はシェアNO.1になる確率

「MIP 化」や「MIP 開発」が成功しても、それは「聖域の入口」に入ったにすぎず、そこから聖域に向けて「カテゴリー代表度」を高め、自己増殖していかなければならないのです。それには相当な費用（主として広告費）が必要となり、その額は通常、中小企業、とりわけ小企業にとっては高額すぎる支出となって、聖域入りをあきらめざるを得ないのが現実なのです。

このカベを**「現状では中小企業にとっては高額すぎる支出になってもかまわない。要は工夫をして、それと同等の効果ある手段を考えればよい」**と「メラキ直り」（Bタイプ）、次のアイデアに至りました。

〈アイデア〉
①「MIP のれんシェアシステム」は上記のカベ、すなわち、費用負担を軽減して聖域へ向かう施策
②のれんオーナー（事業主体）は、パートナーを集め、費用、人手、ノウハウなどを提供してもらい、協力して、共存共栄で聖域へ
③オーナーはパートナーに諸権利や商材やノウハウを与え、パートナー1社ではできない MIP の成功を与え、オーナーも1社ではできない MIP の成功を手にする

事例：伊豆山建設の "免疫生活"「ホルミシスルーム」

（ホルミシス効果とは、低濃度放射線による健康療法）

①オーナーは伊豆山建設。ラドン鉱石を特許技術でしっくいに混ぜ、それで「免疫力を向上させるホルミシスルーム」をつくり、パートナーにシェア

②パートナーはコンセプトを理解の上、費用を払って会員となる。ほとんどは工務店が対象

③パートナーは近隣（地元）の免疫を高めたい人がいる家庭にホルミシスルームを施行する

④パートナーの数を年々計画的に増やし、10年後、100億〜200億円規模の事業を目指す

⑤事業規模モデル＝施工単価×客数×パートナー数

⑥広報活動

　（1）『医師がすすめるホルミシス効果の免疫生活の家』（仮題）の出版

　（2）医師専門家による定期的なセミナー

⑦オーナー（伊豆山建設）のメリット

　（1）強みを活かして競い合わずにビジネスを展開でき、このシステム前と比べて圧倒的な収益が安定的に続く

　（2）シーズ（独自の技術）であるラドン鉱石を用いて住宅産業以外の「免疫生活」グッズの展開が可能

（3）10年先の売上に確信を持てることも大きなメリット

⑧パートナー（工務店）のメリット

近隣工務店との競合なく、商材やノウハウ提供が受けられ、しかも告知もオーナーが行なってくれるので、従来より明らかに大きな安定的な収益が得られる

5 「聖域の棲み分けシステム」——NO.1を競い合う大企業用

「聖域の主」はいくら後発参入があっても、1/2以上のシェアを保ち、市場拡大につれて、売上、利益が順調に高まります。

しかし、「カテゴリー代表度」が50%を超える後発品、すなわち「戦場王者」がいる場合はそれとのバトルが避けられず、勝ったり負けたりを繰り返すことになり、かつ、差別的訴求中心となりがちですから、市場カテゴリーのベネフィット訴求がおろそかになり、市場が伸びないだけでなく、縮小することが起こります（たとえばビール市場）。

このような両者（聖域の主と戦場勝者）共に持つカベを「今までは競い合ってきた過去があってもよい。要は力を合わせて市場を拡大すれば、今までよりも売上も利益も増える」と「メラキ直り」（Bタイプ）、次の施策に至るのです。

聖域の棲み分けシステム

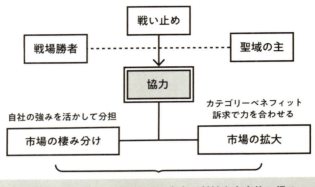

〈カベとアイデア〉
① 両者が協力して市場〈カテゴリー〉とベネフィットを訴求し、市場の拡大、強化策を講ずることが基本
② 両者の強みを互いに活かし、同一ベネフィットの中での棲み分けを図る。たとえば、ビール市場の例だと「ドライビールはアサヒ」「搾りたてビールはキリン」というように

事例：キリンビールとアサヒビールの「シェア競争中止宣言」

Part1Chapter3 でも前述しましたが、2015 年 12 月 25 日、両社の社長が雑誌で対談し、無益なシェア競争は互いに利益を奪うばかりでなく、市場自体も年々縮小していることを共有し、今後、シェア競争はしないという約束をしました。

社内末端までの徹底は課題が多いと思いますが、この約束は画期的なことです。両者の収益のみならず、ビール市場が強化されることが予想されるからです。

〈メリット〉
①両社にとってシェアの奪い合いやシェアを保つための費用が抑制され、利益貢献することが第一
②その分、市場拡大や強化のために費用を回せる
③上記により、共に商品と会社の寿命を延ばすことができる
④戦いのないことによる利益が社会や消費者に還元される

6 激戦場から MIP 化で脱出し、企業を「進化」させる

競合が多くひしめき合う「激戦場」にいるブランドの多くは、従来ならシェア競争に勝ち抜くことによって「王者の戦場」を目指します。

しかし、そのほとんどは夢果たせず、消えるか、利益が薄いまま留まるしかない運命です。資金が豊かな大企業のみ「カテゴリー代表度」を高め、「王者の戦場」にたどり着き、今度は「聖域の主」との戦いになるのです。

　中小企業にとっては、シェアは伸びず、売上も利益も高められず、ただ競い合いの中にいるだけの状態になってしまうことがほとんどです。

　このカベを、**「激戦場ではシェア、売上、利益が高まらなくてもいい。要は強みを活かして独自的に売上、利益を高める工夫をしよう」**と**「メラキ直る」**（Bタイプ）ことによって、次のアイデアが生まれるのです。

〈アイデア＝MIP化〉

①「MIP化」の段取り

（1）強みの確認
　　　強みとは、1・絶対捨ててはいけないもの、2・独自的なもの、3・活かすべきもの

（2）強みは、どんな消費者ベネフィットをもたらすか
　　　生活上のどんな問題を解決するか、MIPの条件を満たすよう検討

（3）「新カテゴリー名」を考えて新しいくくり方をして「激戦場」を脱し、聖域の入口に入る

②以上により、競合のいない「聖域の入口」から「聖域」

を目指す。

これが「進化」です。

事例：田代コーヒーの「嗅ぐコーヒー」

　自社の市場シェア、売上や消費者を検討した時、「激戦場」から抜けて、従来とは異質の事業形態に展開すべき、と田代コーヒーの田代社長は決断されました。この決断は、自社の強みが明らかになったので、下せた決断でした。

〈強み〉
・コーヒーに関する広く深い知識、ノウハウ
・鮮度にこだわり、磨き続けた体験

　この強みを活かして、消費者のどんなニーズに応えるかを熟考しました。

　その結果、鮮度へのこだわりは結局「香り」へのこだわりであったことに気づき、強みを活かして、未充足の強い生活ニーズに応えるベネフィットとして、

　「いつでも、どこでも、コーヒーの香りでリラックスできる」

　を仮説的に決め、このベネフィットを与える商品はどんな生活上の問題を解決するかを熟考しました。

　その結果、

　「コーヒーの香りでリラックスしたくても、時や場所が

限られ、不満足な状態」

　これが生活上の問題であり、これを解決すればMIPになることを確認します。

　次に、NCN（新カテゴリー名）の決定です。いつでも、どこでもコーヒーの香りでリラックスするには香りを嗅ぐ（飲まずに）だけの商品にすればよいことに気づき、「嗅ぐコーヒー」としました。

　コーヒーの生理、心理的２大効用は、
・香りでリラックス効果
・カフェインで覚醒効果
であり、リラックス効果を期待するなら香りを嗅ぐだけで十分であることを再確認しました。

　次は、コーヒーの香りのリラックス効果の検証と商品コンセプト開発を併行して行なう段取りです。

　商品コンセプトの受容性をグループインタビューと量的テストによって行ない、改良の上、商品パフォーマンス開発に入ります。ここでは、ほとんどは容器デザインを多種検討する作業になります。

　そして、表現コンセプトを開発し、広告手段を考えていきます。

　売り方は「MIPのれんシェアシステム」、および「自宅ショップ」の方式を採用することによって、少ない費用で

10年後、100億円規模の事業に育てることができると確信しています。

「嗅ぐコーヒー」のベネフィット

嗅ぐだけで、

❹ イライラ気分を防ぐ（予防）
❺ イライラしてもすぐ気分が落ち着く（復元）
❻ いつも落ち着いた気分でいられる（維持）
❼ いい気分が一層いい気分に包まれる（向上）

> 「嗅ぐコーヒー」は以上の4つのベネフィットを持った
> 商品群によって構成されます。

※消費者の「Doニーズ」には4種あり、 維持、予防、復元、向上です
（拙著『消費者ニーズ・ハンドブック』同文舘出版）。

Part 2 事例編 # Chapter 5

「梅澤理論」の独自性は
「メラキ直り」の産物

　私はこれまで、「商品開発の成功率を高めたい」という願いの一心で、商品開発の現場から事実を紡ぎ、理論を構築してきました。

　この理論構築こそが「メラキ直り」の発想で出来上がったものだったのです。

　その結果、どこにもない独自的で成功を助ける理論となりました。

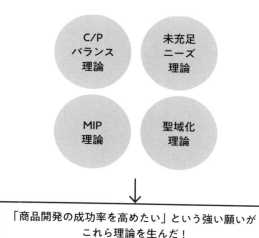

1
理論の誕生の瞬間

　三大「梅澤理論」と言えば、「Ｃ／Ｐバランス理論」（1984年）、「未充足ニーズ理論」（1986年）、「MIP理論」（2001年）です。

　「Ｃ／Ｐバランス理論」は、「売れる商品とは何か」を教えてくれる理論。「未充足ニーズ理論」は、「どんなニーズに応えたら売れるか」を教えてくれる理論。「MIP理論」は「市場を創造するためには何をすべきか」を教えてくれる理論。これらはすべて誰も教えてくれないカベを乗り越えて生まれたものです。

　カベを「誰も教えてくれなくてもかまわない」（Ｂタイプ）と「メラキ直る」ことにしたのです。

　とにかくカベを乗り越えなければ失敗ばかり続けることになる。もうそんな苦痛は続けられない、ならば自分で考えればいいと、一心不乱に考え続け、試行錯誤を繰り返し、つくり出した理論なのです。

　その結果、「Ｃ／Ｐバランス理論」は映画を見ている時に突然ひらめき、「未充足ニーズ理論」はコンセプトテス

トデータを眺めている時に突然ひらめいたのでした。

「MIP理論」は、自分が開発した25品のうち、長寿もあるが短命が多い訳を考えていてもわからず、受験までして愛知学院大学大学院の博士課程に入学し、3年間の研究の上、到達できた理論です。

いずれも「商品開発の成功率を高めたい」という強烈なニーズがあったからこその賜物なのです。

2 新しい手法 「非戦のマーケティング」

商品開発成功率の向上法を考えていたある時、非常に大きなひらめきがありました。

それは、**既存市場で勝ち続けることは不可能**であり、負けないためには「戦わない」ことに勝る方法はない、という発見でした。これが後の「MIP理論」に至ります。

「戦わない」ということは既存市場の外に市場を発見するか、創造するということを意味します。

「既存市場で勝ち続けられなくてもかまわない」（Bタイプ）、要はコンスタントに成功（ロングヒット）商品をつくれればよい、との「メラキ直り」があったのです。

この仮説が「MIP理論」を生み出しました。

「MIP理論」は“非戦のマーケティング”です。競合と戦い合うのではなく、自己増殖して「聖域」を目指す理論なのです。「MIP」は既存市場に参入する商品の100倍の成功率を持っています。

そして、2016年に新理論が追加されました。それは「聖域化理論」と称するもので、これも「メラキ直り」の産物と言えます。これも「MIP理論」同様、「非戦」です。非戦で長く売上と利益を安定成長させるものです。

戦わなければ勝つことはできませんが、「そもそも勝つことが目的ではない」という気づきに基づくものです。

「勝てなくてもかまわない。要は売上や利益が安定的に増加させられればよい」（Bタイプ）の「メラキ直り」です。

この「聖域化理論」によって大企業同士の競い合いをやめる手法（「聖域の棲み分け理論」）と、中小企業が少ない費用で大きな売上を達成する手法（「MIPのれんシェアシステム」）が生まれたのです。

〈事例からの学び〉

1　「何とかして成功率を向上させたい」との強烈な思いがカベを乗り越えさせてくれた

2　「理論」と呼べる状態まで精度を向上させる根を詰める努力が“楽しく”続けられたことが、結果として成

功率の向上をもたらした

3　「メラキ直り」の発想というのは、心を強く保たせて
　　くれて、常に前向きな気持ちにさせてくれる。それが
　　夢の実現を近づけてくれた

4　「メラキ直る」ことは心のみならず、体まで元気にし
　　てくれる力がある

5　目的が達成できるか否かはカベの大小ではなく、あき
　　らめるか否かにかかっている

6　流通革命というのは従来の延長線上にあるのではな
　　く、突然出現する「進化」である

C／Pバランス理論（1984年）

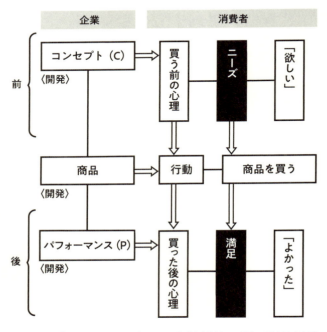

※『消費者ニーズをヒット商品にしあげる法』（ダイヤモンド社、1984年）に加筆

商品力は商品コンセプト（C）と商品パフォーマンス（P）によって構成される。Cは「買う前に欲しい」と思わせる力であり、Pは「買った後に、買ってよかった」と思わせる力である。

　Cが悪ければ消費者はトライ（初回購入）しないし、Pが悪ければ消費者はリピート（再購入）やマルチ（複数購入）しない。

　Cは消費者ニーズに応える"商品の魂"であり、Pは消費者満足を満たす"商品の命"である。共に、高い受容性が得られないと成功商品にならない。「売れる商品とは何か」に応える理論。

未充足ニーズ理論（1986年）

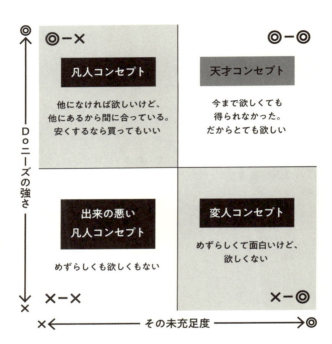

※『ヒット商品づくりの文法』（ダイヤモンド社、1986年）

商品コンセプトの受容性は、消費者の Do ニーズ（生活上、行為のためのニーズ）の強さと未充足の度合に左右される。消費者に魅力を与え、多くのトライアルを獲得できるものを「天才コンセプト」と呼ぶ。Do ニーズが強く、未充足度の高い商品である。それ以外の「凡人コンセプト」と「変人コンセプト」も「出来の悪い凡人コンセプト」も売れない。

「したい、やりたい、でもできない」というニーズに応えるとよく売れる。

「どんなニーズに応えたら売れるか（トライされるか）」に応える理論。特に、商品コンセプト開発に力を発揮してくれる。

MIP 理論（2001 年）

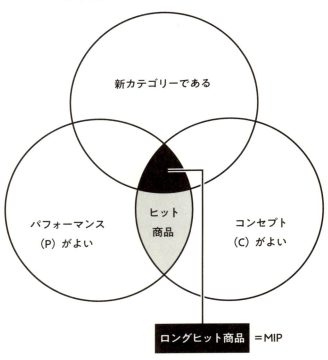

※『戦わずロングセラーにする「強い売りモノ〈MIP〉の創り方」』（同文舘出版、2016 年）

「MIP（新市場創造型商品）」とは、それまでの商品にはできなかった生活上の問題を（商品上以外の問題）を解決する、すなわち、消費者の未充足の強い Do ニーズに応えて、生活変化（新しい生活）をもたらす、独自性の高いベネフィットを持った商品である。すなわち、10 年以上続く新市場の成立（創造）をもたらした最初の商品と言える。

　ロングヒットになるためには、MIP であることが最重要の条件である。ロングヒットはコンセプトとパフォーマンスの優れた新カテゴリー商品であるが、MIP はその条件をすべて満たしている。

「出るまでは誰も欲しいと思わない」。これが MIP の象徴的な特徴です。

Part 3 マインド編　Chapter I

心の筋トレ

　「『メラキ直り』の発想を理解した」、「『メラキ直り』の発想を使って自分もカベを自在に乗り越えたい」と思われた読者の皆様には、ぜひ本章を読んで、「メラキ直り」のクセをつけていただくことをおすすめします。

　「メラキ直り」の発想は手法なので、練習が必要です。今まで述べてきた例のようにカベが立ちはだかった時、スムーズに「メラキ直る」には練習がどうしても必要です。そこで、自然に使えるようになるために、「心の筋トレ」をしましょう。

　ここに取り上げる 24 の筋トレはすべて「メラキ直り」上達法として役立ちます。ひとつでもふたつでも、「これはできそう」「これは自分にとってメリットがある」と思えるものをピックアップしてください。そして少しずつ楽しみながら挑戦を増やしましょう。

一番幸せなこと
それは
乗り越えるカベを
持つこと

1 「メラキ直り」が自由自在にできると人生が幸せになる

「メラキ直り」の人生は、とても幸せな人生です。

何しろ、今までだったら嫌な対象であるカベを「待ってました」と迎え入れ、それを次々と乗り越えていけるのですから。

次項からの「心の筋トレ」の内容を理解することが、「メラキ直り」が身につき、自由自在に使えるようになり、次第にしなやかにカベに向き合えるようになる秘訣です。

つまり、カベが恐くなくなり、「待ってました」の心境になれるのです。

2 鍛錬とは幸せを求めて自らにカベを課すこと

「メラキ直り」の練習をすることは、立派な鍛錬です。鍛錬とは、人から指図されてやるのではなく、幸せを求めている自分が自分のためにカベを用意することです。

「心の筋トレ」もご自分のための鍛錬です。「メラキ直り」の術が身についた時を夢見て、鍛錬に励んでください。

あえて自ら求めてカベを立てるのです。

3 初心を忘れない

中国に「初一念」という言葉がある、ということを義父から教えられました。

私が43歳でマーケティングコンセプトハウスというコンサルティング会社を立ち上げた時にいただいた色紙に書かれていたものです。

意味は「やろう」と決心した時の思いを忘れなければ、その思いは達成されるということでした。これは、目的を達成する時にとても有用な言葉です。カベが立ちはだかっても、初一念で「メラキ直る」のです。

4 「不安」と「希望」が対立したら、常に「希望」を選ぶクセをつける

前へ進むと、不安と希望が交差しはじめます。そういう時は、迷わず希望を選ぶクセをつけましょう。

不安はたくさんの成長する試練を与えてくれますが、希

望は大きな心を与えてくれるでしょう。前進を後押しして
くれるパワーになります。

起こっている事実は変えられません。

それならば、つらい心でいるより、希望を胸に笑顔の気
持ちでいられるほうが幸せです。

デスクに鏡を置いて、嫌な電話でもにこにこと対応する
という練習で、笑顔のクセがつきます。これは、プロの司
会者養成コースでも実際に練習している効果的な方法です。

5 過ぎたことは栄光の記憶として ストックするクセをつける

所詮、過去は変えられません。それなら自分で選んでよ
かった記憶だけをストックするクセをつけるのです。する
と、過去はバラ色に満たされますから、不思議にも未来が
明るくなってくるのです。

6 自分をほめるクセをつける

今日やったこと、考えたこと、成し遂げた仕事、何でも

いいので自分をほめてください。

　すると、まず現われる変化があります。

　それは他人をほめることが上達してくるという変化です。

　特に、アイデアを考える時は、自分の頭に浮かんできたアイデアはすべてほめるクセをつけてください。そうすると、すごいアイデアパーソンになれるのです。それがカベに向かった時に、気持ちが重くならずにやり過ごせるベースとなります。

7 自分のせいにするクセをつける

　人のせいにして解決策が得られることはありません。自分のせいにすると、解決できるだけでなく、自分が成長できるおまけがつくのです。

8 「ものは考えよう」を 口グセにしてみる

　困ったり、悩みが出てきたり、他人から嫌なことを言われた時こそ、「ものは考えよう」を唱え、それを口グセに

してください。

　真実か否かは問いません。目的が達成できる方向で考えればいいのです。

9 自分の幸せのため、と思うクセをつける

　あなたのすべての欲望や行動はすべて「自分のため」に生まれているのです。

　それを悟ると、自分の幸せのための選択肢が一挙に拡大します。

10 未来を心配しないクセをつける

　過去は済んでしまったことであり、未来はわからないことだらけです。

　過去を悔やむのも未来を心配するのも心の健全さを邪魔します。

　未来のことは心配せず、問題が起こった時に、「あるがまま」に対処すればよいのです。

Part3　マインド編

11 満足感を得るには、一歩一歩登る しかないという考えのクセをつける

このクセがつくと、まず達成するに値する目的か否かの確認をするようになります。

そして、ぜひ達成したい目的だとわかれば、「一歩一歩登るしかない」という覚悟が決まり、登ることが苦もなくできるのです。

12 「不」の先には必ず「幸」があると 信じるクセをつける

幸せを感じる出来事の前には必ず「不」があります。その「不」があるから「幸せ」を感じることができるのです。

ですから、今「不」に直面していたら、必ずきっと「幸」が訪れることを信じましょう。必ず「幸」は訪れます。

13 一歩前へ進めば、必ず一歩到達点 が近づくと確信するクセをつける

Chapter1 心の筋トレ

この事実は誰でも知っていることですが、目的を達成するまでの距離が、気が遠くなるほど遠いと、一歩が割り算発想になるので、限りなくゼロに等しくなり、一歩進んでも「一歩近づいた」という実感に欠けるのです。

　そこで、割り算をしないことがおすすめです。

　そうすると、一歩前と比べて確実に前進したことを知ることができます。一歩進んだ事実が「カベを乗り越えた先の幸せ」を確信させてくれます。

14 怒りがこみ上げてきたら、「メラキ直り」 の好機と捉えるクセをつける

　怒りがこみ上げる場面に直面したら、その原因を考え、それを「メラキ直り」のキーワード（ＡタイプかＢタイプか）に置き換えて対処しましょう。

　怒りが消えるだけでなく、解決策までついてきます。

15 美しく、愛すべきものをいくつも身近に置くクセをつける

　押し花、紅葉した葉、浜辺が見える窓、宝石、スケッチ、

写真、日の出の神々しさ、夕焼けの山、庭の草花、池のめだか、小鳥のさえずり……。なんでも自分が美しいと思うものや愛おしく思うものを身近に置くクセをつけると、心が砂漠状態になることを防いでくれます。

16 「あきらめよう」と思ったら、 必ず「メラキ直る」くせをつける

「あきらめよう」と思うタイミングが来たら、練習するつもりで必ず「メラキ直る」クセをつけると、時々はあきらめたほうがいいケースに出会います。

そうやって、あきらめるべきことと、あきらめてはいけないこと（「メラキ直る」べきこと）の判断ができるようになっていきます。何でもかんでも「メラキ直る」必要はないのです。あきらめたほうが目的に合致する場合はあきらめたほうがよいのです。

17 新しいアイデアが欲しい時は、 「非常識」なことを考えるクセをつける

アイデアとは「従来ない概念」と定義されます。「従来

ない概念」とは、そもそも今の常識ではないものです。ですから「非常識」と思えるようなことをあえて思いめぐらすことで、新しいアイデアが容易に手に入るのです。

18 「自分らしく思うままに行動しているか」に常に関心を向けるクセをつける

「他人にどう思われているかはどうでもかまわない」むしろ「自分らしく思うままに行動する」ことが肝心です。

自分らしく思うままに行動すれば、ことがうまく運ぶ場合が多いのです。

自主的にやりたいようにやれば、うまくいかないわけがありません。達成するまで粘れるからです。

19 「でも」「しかし」と思ったら、それを肯定するクセをつける

「でも、○○だ」とか「しかし○○だ」と思ったら、「○○でもよい」「○○のほうがむしろよい」と肯定（「メラキ直る」）するクセがつくと、ネガティブ発言が極力抑えられ、その分、ポジティブ発言が増えて、言葉だけでなくマイン

Part3 マインド編

200

ドもポジティブになるでしょう。

20 親しい人が夢を捨てようとしたら、 拾ってあげるクセをつける

「あきらめるのはまだ早い。その夢は達成できる」

このように、親しい人に手を差し伸べるクセをつけましょう。そのクセは自分のカベを乗り越える時にも役立つからです。そして、それは親しい人を助けることにもなります。

「メラキ直り」は人の心を救うのです。

21 「本心からはじめたいか」と 考えるクセをつける

「何かをはじめたい」という思いが頭をもたげたら、100回数えながら「それを本心からはじめたいか」と自問するクセをつけましょう。100回自問し、「やはりそれをはじめたい」と思えたら、本当にやりたいことだと言えます。

これを確認しておくと、カベが何度現われようとも、ビクともせずに実行が続けられるのです。

Chapter1 心の筋トレ

201

22 人の心や行動を許す「寛容」の クセをつける

嫌なことをされた時、きっと相手には何らかの事情が あってのことで、その事情を理解し、たとえ自らに害が及 んだとしても許す、という寛容の心のクセをつけましょう。

23 他人と比べず、昨日の自分と比べる クセをつける

他人と比べると、勝てばおごり、負ければめげるだけで、 何もいいことはありません。昨日の自分と比べると、少し でも進歩していればうれしく、うれしいので一層進歩しよ うと努力します。何事も他人に勝つことが目的ではないの です。

24 １日１回、100日間の練習法

平均的なビジネスマンは、朝起きてから寝るまでの間に

平均30個くらいのカベを体験すると言われています。

　それゆえ、カベには事欠きません。何をやっている時でも「待ってました」とばかりに「メラキ直り」ましょう。

　その時は必ず、「○○のほうがいい」**用途**と、「○○でもかまわない」という別の**手段**の二刀流で行きましょう。

　「『メラキ直り』ノート」をつくって、毎日1回、100日間（約3カ月）続けてみてください。

　そうすると、自由自在に「メラキ直る」ことができるようになり、まわりからアイデアパーソンと賞賛されるようになるでしょう。この練習は必ず行なってください。

Part 3 マインド編 # Chapter 2

「メラキ直り」の教訓
─筆者からのメッセージ─

　私は商品開発の仕事に携わること55年。その間、たくさんの失敗をし、同時に、喜ばしいことに多くのロングヒット商品を開発することができました。

　これまでに味わった仕事とプライベートな出来事、人生すべてにおいて「メラキ直り」の発想は役に立ってきました。この発想のおかげで、今も仕事を続けたいという意欲がみなぎり、夢を追っています。

　本書の最後に、私が経験してきた体験とその感情を元に、読者の皆様へのメッセージを贈ります。

今ない知恵を生み出す
「メラキ直り」の発想が
あなたの人生を充実させ
鮮やかなものと
なりますように

1
人が認めるものが成功ではない

　一心不乱に

　一所懸命に

　努力して達成したことが、成功と言えるものです。

　「成功とは至難の目的の達成」ですから、自分がどうしても達成したいことに向けては努力が続くのです。

　人がどう評価するかはどうでもよいことです。

　評論や風評は本質に無関係です。

　だから、誰でも成功できると言えます。

　どうしても達成したいことがある限り、自分が達成したいことが成し遂げられた時、それが成功なのです。

2
創造とは何か

　「創造」とは、「作る」ことでも「造る」ことでもなく、「創る」ことです。

　「作る」も「造る」も、既にある手段や考えを用いる作業ですが、「創る」こと、つまり「創造する」ことは「今

Part3　マインド編

206

ないものを生み出す」ことです。

それゆえ、「創作」にも「創造」にも喜びが伴うのです。

そのためには、知と知を合わせたり、心と心を合わせたりすることが何より大事です。

「創作」も「創造」も「独創」なのです。子供がすべて個性的なのと同じように、「創る」ことによって生まれたものは、オリジナリティのある独自のものになるでしょう。

3 自由を求めることは正しい。いかに実現するかが肝心

自由を求め、実現する名案さえ生まれれば、自由を満喫できるでしょう。

「何を、どうやるか」「"WHAT""HOW　TO"」

それを具体的に創造すべきです。

そのためには「目的、課題、手段」を考え尽くすこと。

その先に"自由に働く"という目的を達成する手段（アイデア）がまとまるのです。

その途中には数々の「メラキ直り」が必要となりますが、それらはあなたの解決を助けるでしょう。

4
人生で重要なこと

　人生は、「何をやるか」が重要なのではなく、
「どう生きるか」
「どう生きたいか」
　これがより重要で、深く考えるべき課題です。
　「どう生きるか」が目的で、「何をやるか」はその手段に
すぎないのです。

5
人生に迷ったら

　人生について人に相談してもベストな答えは出ません。
なぜなら、人は自分ではないからです。
　経験が多い人ならベストな答えを持っていると思うで
しょう。しかし、それはその人の経験でしかないのです。
　人は何のために生きるのかと言えば、人の心の奥深くに
ある"人生ニーズ"（自分が本当にかなえたいこと＝幸福
追求ニーズ）を目指して生きるのです。
　だから、自分の"人生ニーズ"に耳を傾ければいいのです。

迷ったら心を澄ませて自らに問うのです。

6 息が苦しい。でも空気が吸える幸せ

私は肺がんの手術で、右肺の半分を切りました。ガンから逃れたものの、吸える空気の量が減り、気づくと苦しさを感じます。しかし、その都度思うのです。

「空気が吸えて幸せ」と。

病を得て初めて味わう新しい幸せだと思っています。

7 自由を欲しがる人へ

とりわけ若者は自由を欲しがります。

でも自由をなめてはなりません。

自由とは「自らに由る」という意味です。

つまり、自分がすべての責任を負うということです。もちろん、その見返りも大きなものです。

それゆえ、覚悟を持って自由を求めましょう。

8

死ぬ日まで生きる

　もっと自分の本音に素直に生きてもいいのでは、と多くの人を見て、常々思っています。

　周囲に迷惑をかけろという意味ではありません。謙虚さを持っていれば、自分のやりたいこと、好きなことに向かって思い切って進んでいいと思うのです。

　人生は自分自身がゴールに立つところに向かって歩いていくことです。他人を目指すのではないのです。

　人は誰でも死ぬ日まで生きる。

　その日は誰も知らない。

　努力してもわからない。

　だから一心に、死ぬまでどう生きるのかのみ考え、それを実行するのです。

　本章の最後に、私が独立をした際に自分を鼓舞するためにつくった詩を贈ります。これを私は今でも、いつでも胸に留めているのです。

「限りなき道」

僕は結果を考える人生を好まない
僕は一心不乱な生き方が好きだ
僕には終わりというものがない
いつも道程であり、出発である

僕は夢を持って
それを実現させるために
努力できる人生は素晴らしいと思う
夢とは容易にはたせる対象ではなく
限りなく情熱を持って
追い続ける対象である
ゆえに夢を持って限りなくそれを追う心を
青春と言う

今日認められなくても
いつか認められる
限りなき道を歩いていきたい

あとがき

『メラキアの発想』（ダイヤモンド社）を出版してから26年後に、大改正したこの本を読者の皆様に贈ることができました。

まとめてみて、何度も読み返してみて、にじみ出てくる事実は、「メラキ直り」の発想は**「今ないものを生むことができる」**ということです。

商品で言えば、「メラキ直る」ことによって生まれたMIPは**「出るまでは誰も欲しいと思わない」**のです。

デパート、スーパー、コンビニ、ネットショップ、宅配便などの流通革命、そして私が開発した「サンスタートニックシャンプー」「スキンガード」「ジャバ」「カビキラー」「テンプル」など、また開発をお手伝いした「禁煙パイポ」「写ルンです」「クリンスイ」「モンカフェ」「塗るつけまつげ」「GUM」「Ora2」「LG21」「R-1」などがおなじみだと思います。

これらは発売前には「誰も」欲しいと思っていなかったのです。まさに**出るまでは誰も欲しいと思わなかった**のです。

これらはすべてMIPでロングヒットしています。

人の生き方にしても、モノの考え方にしても「今までにない生き方」や「今までにないモノの考え方」を「メラキ直り」の発想は生んでくれるということをご理解していた

だけたと信じます。

　商品であれ、生き方やモノの考え方であれ、カベを乗り越えながら、しなやかに目的を達成できるとても「前向きな目的達成法」が「メラキ直り」の発想なのです。「今までにない知恵を生む」発想なのです。

　それゆえに、「メラキ直り」の発想を身につけ、利用すると、商品開発の成功はもとより、生き方にしても、モノの考え方にしても、大きなヒントを与えてくれるので、地球を守ったり、弱者と言われる人々を救ったり、戦いをやめたり、といった「今まで解決が難しかった事柄」を解決に導くことすら十分できるのです。

　「メラキ直り」の発想に触れていただくことで、常識や固定観念にしばられていたことにも気づいていただけたことでしょう。 これからは「メラキ直る」ことによって“常識峠”を乗り越えて、ご自分の人生をご自分の意のままに歩んでいただけることを夢見ます。

　「メラキ直り」人生です。

　最後に、「メラキ直り研究会」のご紹介をさせていただきます。主に「メラキ直り」の事例を商品開発の現場から集め、分析し、成功商品開発のヒントを見つける目的の研

究会です。

　この研究会はシャチハタ㈱の清水孝洋さんがリーダーとして毎月開催されています。メンバーは㈱フェリシモの辻村さんをはじめ同社の社員の方が中心です。

　参加者は随時募集しております。本書で「メラキ直り」の発想についてもっと知りたいと思われた方にご参加をおすすめいたします。

平成30年初夏　風薫る七里ヶ浜にて

命ある日々に感謝し、明日を夢見て　梅澤伸嘉

謝辞

　同文舘出版の津川雅代さんには、"非常識"な発想法を見事に1冊にまとめ、世に出していただきました。

　商品企画エンジンの梅澤大輔社長、秘書の髙橋真子さん、樋口裕子さんには、資料集め、整理、助言など、本書完成のための支援をいただき、妻や子供達には間質性肺炎と肺がんという難病と闘う筆者を心身両面から支えてもらいました。

　心より感謝を表し、本書を捧げます。

梅澤伸嘉 著書一覧

書名	出版社	発行年
商品開発のための消費者研究	日科技連出版	1972（共著）
消費者調査のすすめ	日本繊維製品消費科学会	1972（共著）
消費者ニーズをどうとらえるか	ダイヤモンド社	1977（共著）
グループインタビュー調査	ダイヤモンド社	1981
食品産業における新製品開発	恒星社厚生閣	1983（共著）
消費者ニーズをヒット商品にしあげる法	ダイヤモンド社	1984
幸せを売る	誠文堂新光社	1985（編著）
生活者からの発想によるキーニーズ法 商品コンセプト集（1）（2）	日本能率協会総合研究所	1985
ヒット商品づくりの文法	ダイヤモンド社	1986
グループインタビュー実践マニュアル	日本能率協会総合研究所	1986
企業分化革命	ダイヤモンド社	1988
商品コンセプト開発マニュアル	日本能率協会総合研究所	1988
創造性開発訓練講座（企業と人材）	産業労働調査所	1988.7－1989.6
商品力開発コース（通信教育テキスト）	日本コンサルタントグループ	1991
メラキアの発想	ダイヤモンド社	1992
成功商品開発マニュアル	日本能率協会総合研究所	1992
実践グループインタビュー入門	ダイヤモンド社	1993
消費者ニーズの法則	ダイヤモンド社	1995
消費者は二度評価する	ダイヤモンド社	1997
長期ナンバーワン商品の法則	ダイヤモンド社	2001
長期ナンバーワン商品の法則（中国語版）	三思堂	2002
長期ナンバーワン商品の法則（韓国語版）	Kmabook	2003
ヒット商品開発	同文舘出版	2004
The Winning Formula Market Initiating Products	STERLING PUBLISHERS	2004
最新「成功商品開発マニュアル」	日本能率協会総合研究所	2004（共著）
グループダイナミックインタビュー	同文舘出版	2005（編著）
消費者心理のわかる本	同文舘出版	2006
ヒット商品打率	同文舘出版	2008
ヒット商品開発〈第2版〉	同文舘出版	2009
ビジュアル図解 消費者心理のしくみ	同文舘出版	2010
「アイデア」を「お金」に変える思考ノート	かんき出版	2013
消費者ニーズ・ハンドブック	同文舘出版	2013
最新「新市場創造型商品コンセプト開発マニュアル」	日本能率協会総合研究所	2015
30年売れて儲かるロングセラーを意図してつくる仕組み	日本経営合理化協会出版局	2016
戦わずロングセラーにする「強い売りモノ〈MIP〉の創り方」	同文舘出版	2016
新版 ロングヒット商品開発－成功率100倍のMIPの秘密－	同文舘出版	2018

著者略歴

梅澤 伸嘉（うめざわ　のぶよし）

経営学博士
商品企画エンジン㈱代表取締役会長
1940年生まれ。日本大学大学院（心理学）卒業、文学修士。愛知学院大学大学院経営学研究科修了。サンスター㈱研究所、研究開発部を経てマーケティング部調査課長となる。その後、ジョンソン㈱にマーケティングリサーチマネジャーとして入社。新商品企画グループリーダー、マーケティングサービスマネジャーとして各種商品の開発、導入のかたわら、キーニーズ法、アッハゲーム、行動分析法、C／Pテスト、グループインタビュー法等を開発、改良。
1984年独立。数々の企業のコンサルテーション（新商品開発、独創性開発、市場調査）に従事するかたわら、梅澤マーケティングスクール塾長、一般社団法人日本市場創造研究会代表理事、MIP経営塾塾長を務める。
著書に『新版 ロングヒット商品開発─成功率100倍のMIPの秘密─』『戦わずロングセラーにする「強い売りモノ〈MIP〉」の創り方』『消費者ニーズ・ハンドブック─ロングセラー商品を生み出す240の法則─』『ビジュアル図解　ヒット商品を生む！　消費者心理のしくみ』『ヒット商品開発─MIPパワーの秘密─（第2版）』『ヒット商品打率─数打つから当たらない─』『消費者心理のわかる本─マーケティングの成功原則55─』（いずれも同文舘出版）ほか多数がある。

〔連絡先〕商品企画エンジン㈱
〒153-0064　東京都目黒区下目黒3-2-1-1308
TEL/FAX 03-6712-8570　　http://www.sk-engine.com
メール:info@sk-engine.com

ロングヒット商品開発者が教える
今ない知恵を生み出す　しなやかな発想法─メラキ直り─

平成 30 年 6 月 21 日　初版発行

著　者──梅澤　伸嘉
発行者──中島　治久
発行所──同文舘出版株式会社
　　　　　東京都千代田区神田神保町 1-41　〒 101-0051
　　　　　電話　営業 03（3294）1801　編集 03（3294）1802
　　　　　振替 00100-8-42935　http://www.dobunkan.co.jp

©N.Umezawa　　　　　　　　　　　　ISBN978-4-495-54006-7
印刷／製本：三美印刷　　　　　　　　Printed in Japan 2018

JCOPY〈出版者著作権管理機構 委託出版物〉
本書の無断複製は著作権法上での例外を除き禁じられています。複製される場合は、そのつど事前に、出版者著作権管理機構（電話 03-3513-6969、　FAX 03-3513-6979、　e-mail: info@jcopy.or.jp）の許諾を得てください。